陈省身与中国数学

主编　吴文俊·葛墨林

目录

vii 序一
吴文俊

ix 序二
朱经武

1 悼念我的数学研究启蒙老师陈省身大师
吴文俊

9 追忆陈省身先生
杨振宁

15 陈先生永远活在我们中间
胡国定

19 陈省身先生与“求是科技奖”
张恭庆

23 点滴回忆陈省身先生
葛墨林

41 ◆ 人生几何　几何人生
项武义

49 ◆ 何期执手成长别
——怀念陈省身先生
范曾

67 ◆ 缅怀陈省身学长
彭桓武

69 ◆ 记陈省身教授二三事
何祚庥

77 ◆ 与省身大师共进早餐
杨福家

81 ◆ 一幅珍藏
——记陈省身先生手书七言诗一首
叶嘉莹

89 ◆ 我的老师　我的"谈友"
——忆陈省身先生
陈洪

93 ◆ 怀念陈省身先生
王元

103 ◆ 怀念我的老师陈省身先生
周毓麟

109 ◆ 深深怀念陈省身先生
万哲先

113 ◆ 陈省身先生是中国数学界
改革开放的精神领袖
姜伯驹

119 ♦ 成就学不到　精神可以用
林群

121 ♦ 我接触到的陈省身先生
王诗宬

125 ♦ 留在伯克利的记忆
田刚

131 ♦ 受教于陈省身先生的一段往事
孙以丰

137 ♦ 我所敬仰的陈省身先生
沈一兵

143 ♦ 对陈先生的点滴回忆
沈纯理

147 ♦ 感念陈省身先生
忻元龙

151 ♦ 陈省身和他的《微分几何讲义》
陈维桓

161 ♦ 追忆陈省身大师
李安民

165 ♦ 怀念陈省身先生
龙以明

171 ♦ 在南开数学研究所建所二十周年暨
陈省身先生逝世一周年纪念会上的发言
张伟平

181 ♦ 悼省身师
方复全

185 ◆ 陈省身与中国数学强国梦
胡森

191 ◆ 忆陈省身先生
王长平

197 ◆ 回忆陈先生
莫小欢

201 ◆ 为陈省身先生写传是我毕生的荣幸
张奠宙

207 ◆ 情系祖国　扶植青年
纪念数学大师陈省身教授
冯克勤

213 ◆ 回忆陈省身先生
堵丁柱

221 ◆ 怀念恩师
陈永川

241 ◆ 陈省身与西安交通大学
李开泰

245 ◆ 数学之美
——怀念陈省身
沈琴婉

257 ◆ 我们和陈省身的友谊
陈受

267 ◆ 陈省身访谈
Jean Pierre Bourguignon

序一

吴文俊

陈省身先生不仅是数学上的一代宗师，而且为中国数学跃升至世界水平作出了巨大贡献。陈先生先后在国内主持与创办了两个数学研究所，培养了一大批优秀的青年数学家，使我国的数学能与西方平起平坐，一争雄长，并为本世纪中叶我国数学从大国跃升为强国创造了条件。先生不幸逝世，本文集收集了陈先生的许多学生、友好与追随者的纪念文章，陈先生伟大的一生，将为后世所永志不忘。

序二

朱经武[*]

新加坡世界科技出版社属下的“八方文化创作室”要出版一本由吴文俊及葛墨林两位主编的中文版文集——《陈省身与中国数学》，邀请了与陈先生颇有深交的朋友，经过他们与陈先生多年交往的经验，追忆先生的治学教导、为人生活点滴。著墨者或物理大师、或数学大家、或著名画家及词人，全书文情并茂，畅顺可读，陈先生圆满的一生跃然纸上，身为女婿的我，看了之后，更是感慨良多，不胜唏嘘。潘国驹教授邀我为本书作序，实不知从何著手。但盛情难却，只好略述一下心目中高风亮节、和蔼可亲、亦师亦友的岳父，聊表对岳父的怀思于万一。

---

[*]香港科技大学校长，著名物理学家。

陈先生是一位不平凡的伟人。历史上有过不少的人，为人类文明的进步做出了不朽的贡献，的的确确是一些不平凡的伟人，但他们对普罗大众却是如此的可望而不可及，有如神仙人物。陈省身先生是二十世纪最杰出数学家之一，在几何学上的成就能出其右者不多，他也是美国几何学重生的主导，可是陈先生更是一位平凡的伟人，因他是如此的平易近人，在大家心中也是有血有肉，和蔼可亲的长者。

陈先生成为了我的岳父。在一九六六年夏天我在加州大学圣地牙哥校区的物理系当研究生，有天下午走出了工学院的图书馆，十数位看来像学者的人迎面走来，领头的是一位头大额宽、身近六尺的黄脸孔，他们显然在讨论问题，没意识到我的存在，与我擦肩而过。事后与同学谈起，才知道他就是我慕名已久的陈省身先生，从柏克莱到圣地牙哥开会，这也是我第一次亲眼见到陈先生，虽然只是惊鸿一瞥，但印象深刻。当时心中幼稚地想，做一个中国人，能像陈先生这样，在他人的国度里，成为学者们的领袖，该是何等威风。命运是无法预测的，我压根儿没想到，一年半后去了陈家作客，两年之后，成了陈家的女婿。

一九六七年秋，陈先生女儿陈璞到加州大学圣地牙哥校区物理系当研究生，在王宇教授家中的中国同学晚宴上相见而后相识，从她身上早已见到了日后才知道她父母待人接物及做学问之道。一九六八年三月的美国物理年会正好在加州大学柏克莱校园召开，决定在会上作三个报告。一个是关于费米面拓朴变化对铼超导温度的影响（Effect of Fermi Surface Topology Change on the Superconducting Transition Temperature of Re）。这显然跟陈璞的名字拖上了关系。原来陈璞的璞是源自拓朴学的朴，因她出生时，陈先生在做这方面的工作。于是我问陈璞可否借这机会一同去拜见她的父母亲，陈璞是一个很直爽的人，欣然同意，当时的得意有飘飘然之感。最关心的同学是航空工程系的刘聪谋，他煞有介事地以“狗头军师”的姿态教我第一件事必须把我该懂的数学复习一下，以应付这“人生第一口试”。此外，我也花了些工夫准备一下当时的研究工作，以及一些年青人觉得具有深度，如何做学问及待人接物的问题，希望在与陈先生谈话时博取他“孺子可教”的好感。三月中旬，见陈先生的日子终于到来，怀著紧张心情的我和陈璞一块到旧金山机场去接刚从波士顿讲学归来的陈先生，还没到候机门，老远已见陈先生在自动行人道上，一手高高地拎著一盒活的龙虾和我们招手，走近了便以他那嘹亮的嗓门很和蔼地谢我们去接机，然后只简单地问了我在做什么，从哪来，之后他只跟我和陈璞谈家常，一下拉近我们的距离，心中一篓子的担心顿时烟消云散，他是学术大师中具有这种魅力的少数学者之一。许多预备好的问题变成了以后谈话的楔子。

陈先生是一位开放主义者。一九六八年春我得到新泽西州贝尔实验室的工作，准备秋天上班。陈璞当时年纪很轻，就告诉她父母准备转学去贝尔附近的罗格斯大学（Rutgers University）继续念书，大家近点。结果陈先生说：“既然要一同去，何不先结婚再去，如此可省事省心又省钱。”就这样，一言定了江山，帮助我成功地走出了人生里关键的一步——陈璞和我在一九六八年夏上贝尔实验室工作前在柏克莱结婚了。

陈先生是一位自由独立、创新主义者。在一九六八年以后的四十多年里，每年最少都和陈璞和小孩去岳父母家度假两次，但对我来说却是“充电”的最好机会。岳父和我天南地北，无所不谈，也顺便翻翻他的书信。他常说做学问要随兴趣，不要赶时髦，要无拘无束、海阔天空地去想。这种自由独立创新的思考方式，显然早在他天津扶轮中学校刊上一首新诗“纸鸢”中看出。

> “纸鸢啊纸鸢！我羡你高举空中，可是你为什么东吹西荡地不自在？莫非是上受微风的吹动，下受麻线的牵扯，所以不能干青云而直上，向平阳而直下，但是可怜的你！为什么这样不自由呢？原来你没自动的能力，才落得这样的苦恼。”

一般人看纸鸢只羡慕它居高临下的威风，少有怜悯它失去自由的悲哀。岳父告诉我当年他进入微分几何的时候，正是低潮，但凭著自己的分析洞察，坚毅不移，终究把一门临死的学问给做活了，更做得轰轰烈烈。上世纪八零年代，全世界的超导研究正处低潮，与岳父一席话颇具启发与鼓励性，经努力与执著，也算为高温超导创出了一番新天地。

陈先生是一位循循善诱、因材施教、提携后进的师长。每当周末或假日，岳父母常有接不完的电话，常是年青慕名而来的学子，也有以前的学生及朋友。除非事先已有约会，岳父总是来者不拒。聚会的地方多是柏克莱的中国餐馆，如我在一定成为陪客。他总是很和气地问他们生活近况及工作上的计划。并不厌其烦地为他们解决疑难。不管是学术上、工作上或是生活上的问题。

譬如有位他以前的学生，虽很聪明，但毕业后兴趣不在数学，岳父鼓励这位学生去追随他的兴趣，后来也创了一番事业。在岳父80年岁生辰，这学生还赠款来祝贺。记得在九十年代初期，有位柏克莱数学家的学生，设计了一套股票投资的程式，显然岳父觉得有道理，于是即刻打电话到休斯敦的我，问是否能代他筹资，结果该学生后来自己找到了款项而不需我了。岳父常跟我说，只要聪明，做什么都成。所以他的学生中，成为杰出的数学家者自不在话下，从事其它行业而成功者也不少，有的还没进入数学这一行，他已经劝他们去别的方向发展。

陈先生是一位深富国家情怀的爱国者。在数学上的成就，使岳父成为一个国际上的大师，尽管他旅居国外数十年，但他骨子里一直是一个道道地地的中国人。年青时就有为中国发展数学的心愿，一九三六年陈先生去巴黎追随几何大师嘉当得真传后，一九三七年正值芦沟桥事件，日本侵华，他立刻返回烽火连天的祖国，在昆明的西南联大担任数学系教授。一九四五年中日战争结束，日本宣布无条件投降，当时他在普林斯顿工作，事业如日中天，可是他却毅然决定回国，一九四七年婉拒了普林斯顿及哥伦比亚大学的聘请，而在中央研究院筹建数学研究所，亲自招生授课，而造就出一批极为杰出的数学家。因国内政局的动乱，一九四九年普林斯顿高等研究院的邀请，勉强举家赴美，原以为一年半载的避乱，一变就是数十年的居留。尼克松访华，一九七二年中国科学院邀请岳父往访，他心中兴奋之情不可言喻。行前与美国政府与美国科学院联系，并促成了中美双方的多项重要的学术交流。他兴奋的主因之一是又可以亲自参与发展中国数学的工作。

一九七二年从中国返美国后，岳父应邀去作有关中国的报告，轰动许多校园。有朋友告诉我，有人曾私下录下了他的报告，在台大校园聚会中播放，校方下令查禁。

在以后的廿多年里，他每年返国讲学，并与学校及政府策划中国数学的发展。中国对外关系在一九七九年正常化，邓小平访美并在休士顿接见几位学术界人士，岳父鼓励我去见，说这是以后为中国发展的第一步，一扫我在台湾长大养成的恐共心理。一九八一年岳父与胡定国教授开始讨论在他的母校南开大学设立数学研究所，要使数学研究在中国生根，一九九零年后他与岳母常回南开工作，出钱出力亲自邀请杰出年青数学家到南开和世界大师到南开讲学，二零零零年返南开定居。在他去世之前数周，他还到各地演讲鼓励年青人去学数学。陈先生的爱国情怀也见诸香港一九九七回归，连著几天看电视转播，岳父深夜打电话给我，告知他看换旗兴奋激动的心情，一反他日常心平气和、四平八稳的性格。

陈先生是一位天赋异禀、淡薄名利、与世无争的智者。记得我当年也作过少年狂妄的美梦。一九六七年在台与同学聊天，有几位以羡慕的口气说：“预祝你有一天能与杨、李、陈平起平坐。”我说：“他们能做的，我该能做，而做得更好。”但是在第二年与陈先生首次一席话之后，他的博学才智将我带回现实。一九六九年在Stony Brook与杨振宁先生谈话，更加深了对自己不足的认识。陈、杨两位令我有“自是天生有仙骨，他人那得知其故”的感叹。决定脚踏实地去做我的实验——也是我唯一能做得比他们好的事情。岳父常说，名利是做学问最大的敌人，做学问就要心无旁骛、勤奋努力、持之以恒。一九八七年美国NSF计划超导研究的经费削减到零，所以为了能继续我的研究，我申请到一个五年五百多万的NSAS的大计划，在休士顿大学成立一个中心，并在其中划出百分之十经费作超导研究。项目是利用太空的真空条件以分子外延法去长高价值的半导体，以供太空站用。当时各大中英文报章都争相登载，许多人都来电向我祝贺，但陈先生听到之后，只是说了几句客套话，然后提醒我别让杂事影响我的研究。可是到了一九八七年，当听到我们发现了93K的高温超导之后，他立即说："你这次是做了件有意义的事了。"二零零一年为来香港科技大学的事向他请示意见，我明显看到他在做科学与做校长的选择上犹疑，但最后他知科大能让我两面兼顾及来港也是为中国科技发展做点事，于是也给了我他的祝福，望我两样都做好。廿世纪里，科学家间的竞争是剧烈的，但几十年来，陈先生的数学似乎都是在优闲轻松中做完，从没在我面前提过与人争夺。他常说做数学对他就像鱼游于水。两个月前德国汉堡大学请我去演讲，于是我趁这个机会看了他当年生活工作的地方，并得到黄文玲博士（Huang Wen-Ling）的帮助，得到了当年陈先生在汉堡大学的纪录。显然他选了数学及天文，成绩非常之好（见附件）。倒是有一次，岳母告诉我，有一位颇有名望的数学家成名之作是抄陈先生早年之作，于是我向陈先生求证，是否有这件事，他说："是的，"接著说："每个人都需要一个机会，这位数学家目前不是做得很好吗？"

陈先生对知识追求的热忱，九十年如一日，令年青人汗颜。他对文史艺术有很大的兴趣，他有空也常写诗作词以为消遣。有

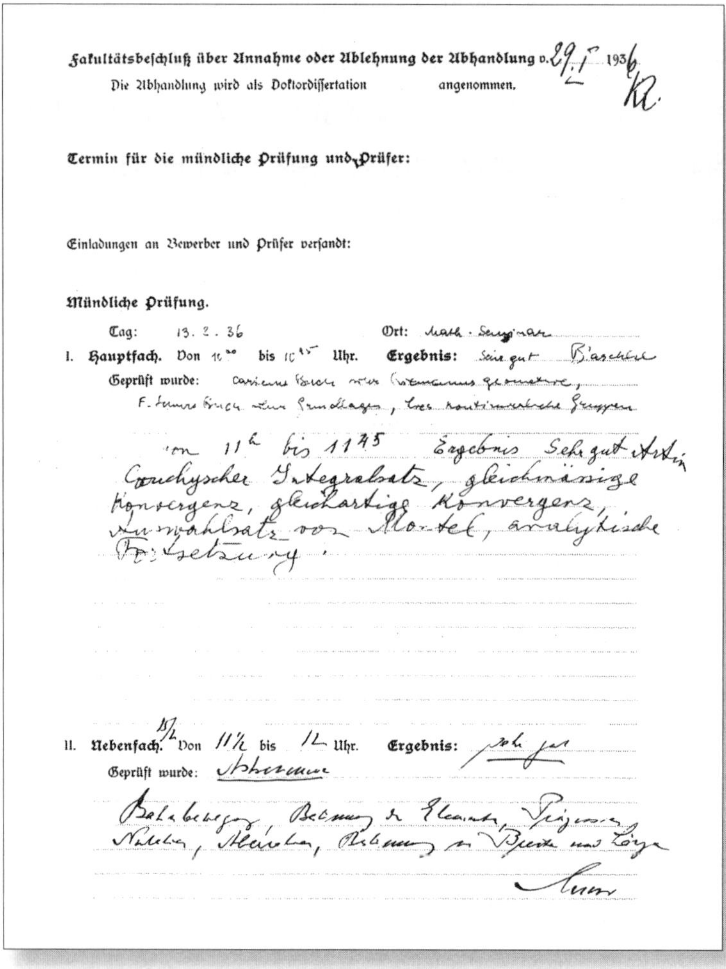

Fakultätsbeschluß über Annahme oder Ablehnung der Abhandlung v. 29.1. 1936

Die Abhandlung wird als Doktordissertation angenommen. Kl.

Termin für die mündliche Prüfung und Prüfer:

Einladungen an Bewerber und Prüfer versandt:

Mündliche Prüfung.

Tag: 13. 2. 36 Ort: Math. Seminar

I. Hauptfach. Von 10³⁰ bis 10⁴⁵ Uhr. Ergebnis: Sehr gut Blaschke

Geprüft wurde: Cartans Buch über Riemannsche Geometrie, F. Jungs Buch über Grundlagen, Kontinuierliche Gruppen

von 11h bis 11⁴⁵ Ergebnis Sehr gut Artin

Cauchyscher Integralsatz, gleichmässige Konvergenz, gleichartige Konvergenz, Auswahlsatz von Montel, analytische Fortsetzung.

II. Nebenfach. Von 11½ bis 12 Uhr. Ergebnis: sehr gut

Geprüft wurde: Astronomie

Bahnbewegung, Bestimmung der Elemente, Präzession, Nutation, Aberration, Bestimmung der Breite und Länge

陈先生当年在汉堡大学的成绩纪录。

阵子，我也尝试，岳母对我说：“你跟爸爸臭味相投了。”岳母又说，早年她父亲说岳父的诗只限在打油诗的地步，劝他还是好好作数学。岳父曾作文表示他对孝庄皇后有否结婚的独特看法，但最后当专家指出他的错误时，他欣然接受。他欣赏音乐、歌剧、绘画的方法与众不同，他是从历史的观点开始，看评论，很少用耳朵或眼睛，所以我笑他只是看音乐和歌剧，而不是听音乐和歌剧。虽然，他常说对物理的了解不多，其实他在谦虚。在七零年代，大英百科全书请他写普通相对一章。在九零年代，当他看到 Bob Laughlin 在今日物理杂志一文指出他和赛门（Chern-Simon）的工作与分数霍尔效应的关系，他非常的兴奋，立即打电话给我，说该想想是否可用他的微分几何去提高高温超导的温度，遗憾的是到目前还没有头绪。因到目前为止，高温超导温度的提升仍停留在以实验经验为主的阶段，希望有一天能把超导温度大幅度提高，也算是圆了岳父的心愿。

《陈省身与中国数学》是一本文情并茂的书，作者们以简洁顺畅文字追述了一代数学宗师的一生。为年青学子和社会大众提供了一位崇高的典范。在此向潘国驹教授及他的“八方文化创作室”祝贺，并特别向各位作者朋友们致谢。

悼念 我的数学研究启蒙老师陈省身大师

吴文俊

2004年11月某日，我从北京驱车天津南开大学数学研究所，看望我已多时未见的数学研究启蒙老师陈省身大师，顺便向他刚获得邵逸夫数学奖表示祝贺。

影响深远的诺贝尔奖，设置了多种学科的奖金。但没有数学奖，也没有同样极为重要的天文学奖与生命科学医学奖。我国的诺贝尔物理学奖得主杨振宁教授为此向香港影视界巨擘邵逸夫爵士提出建立相应奖金。邵慨然允诺，捐出巨笔款项，成立邵奖委员会，设立诺奖缺失的这三项奖金，每年颁奖一次，每奖各100万元美金。由杨振宁先生主持其事。评奖过程完全按照诺奖的方式进行。由于奖金数额巨大且评奖严格隆重，因此邵奖在国际上被称为东方诺贝尔奖。

我被应聘为2004、2005两届邵逸夫数学奖的评奖委员会主席。评奖委员共5人，除我担任主席外，其他四人是：美国Princeton高等研究院（IAS）院士Griffiths教授，法国高等研究院（IHES）院士Bounguignon教授，以及由中国科学院院长与台湾中央研究院院长分别提名的两位华裔数学家。评奖会首先发出数百封邀请函给国际知名数学家、著名研究单位与大学数学系，请他们推荐得奖人选。根据收回的提名单，评奖委员们以电子邮件来往讨论，进行删选。这些全是绝密进行的。评委委员之外的局外人无从知道评选情形。经过几近一年的反复讨论，结果是陈省身胜出，确定授予2004年度的邵逸夫数学奖，而Wells则于2005年获得了邵逸夫奖。

2004年的邵奖于该年5月公布。同年9月7日举行颁奖仪式。公布邵奖时指出数学奖授予陈是由于他创建了整体性或大范围微分几何这一领域，并继续领导它优美地发展使之成为当代数学的核心，与拓扑、代数、分析等领域深刻联系。总之是联系着最近六十年来数学中的所有主要领域。

杨振宁先生和我拟定了一个陈重大贡献的详细介绍，说明授奖的理由，准备由我在颁奖会上宣读。在宣读当天，数学评奖成员之一的Griffiths教授指出，光是介绍陈先生学术上的成就不足以代表陈先生的全貌，起了波折。

Griffiths的意见切中问题的实质，提得又很及时。因此我请他在原来的发言稿上补上一段，现照录如下：

> 陈先生对年轻的数学家不仅是导师而已。他即是良师又是益友。而且他特别贯注于把他同事们的工作介绍

给广大的数学公众，以引起广泛的重视。因之陈的影响远远超出了他个人的科学群体。

由于Griffiths的提醒，我在颁奖会上介绍陈先生的工作时把Griffiths的上述意见添了进去。

陈省身先生从事的微分几何研究，事实上早在陈在清华大学当研究生时就开始了。当时陈的导师是国内从事投影微分几何研究的孙光远教授，而投影微分几何在当时是国际上颇为活跃的一个研究领域。此后陈去德国汉堡师从Blaschke教授，很快就获得了博士学位。此后他去巴黎随微分几何大师E. Cartan作博士后研究。这对陈的事业起了决定性的作用。

E. Cartan是20世纪的微分几何大师。他对微分几何有一套独特的创造，号称难学。但陈完全掌握了他的要领与方法。更重要的是：E. Cartan的微分几何研究是局部范围的。陈却提出了如何作大范围或全局性研究的创新想法。这对陈一生的研究起了可以说是决定性的作用。为了作这种研究，必须依靠拓扑学的方法与手段，这是陈重视拓扑学的背景。陈从法国回国后在清华大学任教，在积分几何方面作出了重要工作。为此美国的Vellen教授邀请陈访问Princeton的高等研究院。陈在旅美的短短两年期间，除了用E. Cartan那种计算方法作出了Gauss-Bonnet公式的内在性高维推广因而轰动数学界外，并用拓扑方法研究微分几何，不仅引入了纤维丛且引入了现在通称的陈省身示性类，使原来限于局部研究的E. Cartan理论与方法完全可以拓展到大范围整体研究，为微分几何开辟了一个全新的广阔天地。

陈省身引进的示性类，不仅纵横于数学整个领域，而且由于与杨振宁先生的合作，被应用于理论物理特别是规范场的研究。反过来，陈省身示性类在物理上所获得的成就，又被某些数学家如美国曾任皇家学会主席的Atiyah爵士等反过来应用于数学。数学中最有深刻意义与巨大影响的Poincaré猜测，早在上世纪60年代就已被美国数学家Smale证明在大于或等于5维的情形成立。Atiyah的一个学生，则运用陈省身示性类在理论物理中的成果，证明了Poincaré猜测在4维时也成立。至于3维的Poincaré猜测，则直到去年才由俄罗斯的数学家Perelman所证明。由此也可知陈省身开创之功及其影响之巨且深。杨振宁先生曾有诗推崇陈省身示性类。诗的末一句是“欧高黎嘉陈”，可谓入木三分，是神来之笔。

我认识陈省身先生是在1946年。我1940年毕业于上海交通大学数学系。由于大东亚战争而毕业后在初级中学教学多年。1945年战争结束后得以恢复学习重温旧梦。1946年夏经朋友介绍得识刚从美国载誉回国的陈省身先生。当时他正在上海筹组中央研究院的数学研究所。我蒙陈接纳为研究所的实习研究员，实质上与从各大学来的一些青年都是陈的研究生。陈也因此成为我数学研究的启蒙老师。我因考取了当时国民党政府所办中法交换的留学生考试，须去法国留学，因而陈为我与法国E. Cartan之子H. Cartan教授联系，请他接受我成为他的学生，H. Cartan是当时法国少数几个拓扑学家之一。由于他当年是法国Straslourg大学的教授。我因此于1947年夏赴法国Straslourg大学学习。这决定了我后半生的研究生涯。

1946夏至1947夏在中央研究院数学研究所的一年期间，陈先生为年轻的研究生们讲授代数拓扑学，指导他们从事拓扑学种种不同方向作研究工作。我留法期间在拓扑学的研究，即是从陈师所学的继续。在这一年期间，陈师从未讲过微分几何。但是在有一次陈师与我的个别谈话中，他说他的主要目标是大范围或整体微分几何。他说E. Cartan的理论是一个宏伟的结构，应该深入理解，但必须拓展至整体或大范围的情形。为此不能没有拓扑学的帮助。目前他讲授拓扑学，只是为此作准备而已。在我将离数学所赴法留学时，陈师对我说，他希望我能再多留一年，在这一年里他将教我E. Cartan的理论与方法，此后可考虑去美国而不去法国。我极为心动，可是他说得晚了一点，我已向亲友们告别，并与一同去法的同伴们即将上船航行去法。木已成舟，无法退缩。如果陈师早一个月说及此事，则我可能不去法国。从此我的研究工作将不是拓扑学而是微分几何了。

陈省身一生主持或创建了三个数学研究所。除了一个由美国政府建立于美国西部旧金山加州大学校区，而由陈担任首届所长之外，其余两个数学研究所都位于中华大地，一在上海，一在天津南开大学。这两个研究所都经陈悉心经营，精心策划。只是在上海的研究所由于国共战事的迫近，陈离国远赴美国而中途夭折。但在短短的两三年期间，已经为中国培养了一批拓扑学的骨干，成为解放后新中国数学研究的一支中坚力量。至于位于陈的母校天津南开大学的数学研究所，则系陈一手创建。由于得到南开大学胡国定教授的悉心协助，取得了巨大的成功，已成为国际闻名的研究组织。陈还培养了一大批有才华且已做出光辉成绩的

青年数学家，他们将响应陈先生的号召，使中国在二十一世纪期间，从数学大国跃升为数学强国。

陈省身在南开数学所所取得的巨大成功，是与胡国定的协助分不开的。有同志曾评胡国定是一位传奇式的人物，我认为评论恰当。胡的父亲是一位民族资本家，坚信共产主义，除了把全部财产捐献给党外，他和他的几个儿子都加入了共产党。但由于严酷的形势使他们只能与党单线串连，因此彼此都不知道是地下党员。在上世纪40年代，胡国定就读于上海交通大学物理系，但实际上他热爱数学。胡是当年上海学运的领导人。这时江泽民调来上海，就读于交大的工程学院，也从事地下工作，受胡国定的领导。胡以资本家子弟的身份为掩护，但日久近于暴露，在上海已不能立足。这时陈省身伸出了援助之手，帮助胡北上就读于清华大学，再辗转至南开大学。解放后也就成为南大的教授。按胡为党的工作的资历与贡献，颇有可能成为天津市的第一把手。但胡不想从政，而一心想把中国的数学搞上去。因而当陈省身有意回国振兴中国数学之际，胡极力相助在南开建立了南开数学研究所，并且由于胡与江泽民的特殊关系，往往得到特殊的照顾。陈的意愿得以顺利发展，胡的作用是有一定的决定性的。

2004年11月我去南开数学所看望陈先生时，正值午时。饭后即在陈寓所的会客室中晤谈。一起谈话的还有胡国定与南开数学所的一些同志。陈先生与往常一样，精神亢奋，十分健谈。整个下午几乎是他一人在说话。他谈及中外数学界鲜为人知的一些逸事，谈及中国数学的前途与发展方针。谈及他别出心裁精心制作记载中外数学重大贡献的月历，更谈及50多年来未能解决的6维球有无复结构的难题，以及他解决它的途径想法。看上去十分健康。

我因交通问题于傍晚赶回北京，数日后胡国定忽来电话，说陈先生因感不适住进了医院，因突发病变救助不及去世。这无异于晴天霹雳。不仅南开全校师生痛切哀悼，全国以至全世界的数学界甚至科技界都感到震惊与沉痛。

陈先生为后代留下了丰富的遗产。陈先生向来轻财。除了早已捐出了他的原有财产和书籍之外，也已将新得的邵奖百万美元捐给了南开数学所等机构。更重要的是他留给后世的一项精神遗产。陈曾说过要为数学“鞠躬尽瘁、死而后已”。陈自己就是这样做的。在陈去世前几年，已年近九十的他提出了Finsler几何的全新想法，并亲自领导一些年轻同志开展这方面的研究工作。就在他去世前几天，还是全身心探索着6维球复结构这一五十多年难题的解决方案。这是一项无法估量的精神遗产。我作为陈许多学生之一，自当秉承陈师的这种精神，在数学研究上鞠躬尽瘁，死而后已。希望许多年轻的后来者也能继承发扬这一陈省身精神，使中国能早日成为陈先生终身追求的数学强国。

（作者为中科院系统科学研究所研究员、中科院院士、第三世界科学院院士）

追忆陈省身先生

杨振宁

一九三〇年秋，陈省身先生在清华大学注册为算学系的研究生。我父亲杨武之当时是该系的教授，我们住在清华园内。那年陈先生曾多次来我家。我那时在读小学四年级，刚刚八岁，曾见过陈先生几次。没有想到几十年以后我们两人的学术工作虽在不同的领域，却都走到了同一胜地。今天写这篇纪念陈先生的短文，回想起我们的生平，觉得我们两人当初似乎是在爬同一座大山，自不同的山麓开始，沿着不同的途径，却没有认识到我们攀登的竟是同一高峰。

陈先生在清华毕业后去了欧洲深造。一九三七年回国后在昆明西南联合大学数学系任教授。我于1938年到1942年是该校物理

系的本科生。陈先生当时是有名的年轻教授，我曾经选过他的微分几何课。陈先生教课认真而有条理，记得我听课时对曲线和曲面的几何都很感兴趣。可是最使我终生难忘的却是一件小事：我曾经想证明任何二维几何都和平面有保角（Conformal）关系。我会证明度量张量可以化为$A^2 d\mu^2 + \beta^2 d\omega^2$，可是不会证明可以把A和B变成相等。苦思而无结果。有一天陈先生告诉我只要利用复变量，即可立刻解决此问题。当时我的顿悟之感至今不忘。

一九四三年，陈先生应邀去普林斯顿高等研究中心做研究。在那里的两年时间里，他将微分几何领入了新的领域。此新领域以后在他的领导下迅速发展，成为二十世纪基础数学一个最重要的分支。

一九四五年十一月我去美国以后，曾于那年十二月在普林斯顿，又于一九四九年元旦在芝加哥和陈先生两次小聚。一九四九年夏，陈先生就任芝加哥大学教授，六十年代初转去伯克利。此期间直到七十年代，我们在芝加哥、普林斯顿、伯克利曾多次见面。我还在伯克利北面的El Cerrito镇他的家中小住过多次。我和陈先生的夫人郑士宁女士，和他的两个孩子陈伯龙和陈璞也都很熟悉，所以我们每次见面谈到的题目很多：朋友、亲戚、国事、家事，可是几乎完全没有谈到我们两人的研究工作，虽然我十分了解他已经是二十世纪世界级的数学大师了。

数学和物理学早年本来有密切的关系，可是自十九世纪中叶以来，二者的前沿发展渐渐走了不同的方向。芝加哥大学前数学系主任斯同（Marshall Stone, 1903–1989）教授就曾在*American*

*Mathematical Monthly*第68卷中发表过一篇有名的文章：《数学的革命》，其中有这样一段话（我的翻译）：

> 1900年以来对于数学的看法有了一些重要的改变，其中真正革命性的发现是：数学原来完全与物理世界无关。

斯同的这篇文章发表于1961年。当时由陈先生发展出来的整体微分几何学已经成为近代数学的一支主流，把几何、代数、分析和拓扑联系到一起。可是就像斯同所说的，当时大家认为整个近代数学都与"物理世界"没有关系。

但是斯同的说法完全错了：陈先生的整体微分几何学中的一些重要的观念，如外微分形式和纤维丛等，都与近代基础理论物理中的规范场论有密切的关系。我是在七十年代初才了解到此中奥妙，当时的感受我于1980年的一篇文章中曾这样描述：

> 1975年，规范场就是纤维丛上联络的事实使我非常激动。我驾车去陈省身在伯克利附近埃塞利托（El Cerrito）的家。1940年初，当我是国立西南联大的学生，陈省身是年轻教授的时候，我听过他的课，那是在陈省身推广高斯—博内定理（Gauss-Bonnet Theorem）和"陈氏级"的历史性贡献之前，纤维丛在微分几何中还不重要。
>
> 我们谈到友谊、亲朋、中国。当我们谈到纤维丛时，我告诉他我从西蒙斯那里学到了漂亮的纤维丛理

> 论以及深奥的陈省身一韦尔定理。我说，令我惊诧不止的是，规范场正是纤维丛上的联络，而数学家是在不涉及物理世界的情况下搞出来的。我又说："这既使我震惊，也令我迷惑不解，因为，你们数学家居然能凭空想象出这些概念。"他立即反对说："不，不，这些概念不是想象出来的，它们是自然而真实的。"

为什么造物者选用了"自然而真实的"但是极抽象的数学观念，来创建物质世界，恐怕将是永远不解之谜。七十年代震惊于此不解之谜之后，我写了一首小诗：

天衣岂无缝　匠心剪接成
浑然归一体　广邃妙绝伦
造化爱几何　四力纤维能
千古寸心事　欧高黎嘉陈

造化爱几何之说，其实爱因斯坦很早就曾预言过。七十年代以来，此说渐渐发展成为今日理论物理学家的共识。

陈先生说他对此小诗的写作不负任何责任。不错，写作的时候我确实没有和他讨论过。可是我不只深信诗中的造化爱几何之说，更相信与基础物理最相关的几何就是整体微分几何；而且陈先生和我当年所爬的高峰上面，还会有更高的境界，更抽象的，但是"自然而真实的"数学观念，为造化所钟爱。

画家范曾和陈先生与我都很熟悉。二〇〇四年夏，他为南开大学画了一幅大画，还写了一首诗：

纷繁造化赋玄黄
宇宙浑茫即大荒
递变时空皆有数
迁流物类总成场
天衣剪掇丛无缝
太极平衡律是纲
巨擘从来诗作魄
真情妙悟铸文章

看了他的诗与画，我就想起陈先生1987年所写的文章《我与杨家两代的因缘》中的一句话："先后50年，从联大到南开，造物主待我们厚矣。"

（作者为华裔物理学家、诺贝尔奖得主）

陈先生永远活在我们中间

胡国定

我第一次见到陈先生，是1947年在上海交通大学毕业后，由我的老师朱公谨介绍，到当时中央研究院数学所去见他，希望有机会能介绍到北方从事数学工作。不久他告诉我已联系好清华大学当助教。临行，陈突然告诉我清华变卦了，说有人告密说我是学生会头头，有共党嫌疑。接着陈又将我介绍到天津南开大学任教。这是我人生中十分重要的一步，使我终于能一辈子没有离开自己热爱的数学。我在交大时积极从事学生运动，有所暴露，身在上海随时有被捕的可能。去不了南开，自然就去解放区，不可能再跟现代数学打交道了。

到了南开后，陈先生不久赴美。一隔就是二十多年。没有想到我以后还有机会协助陈先生在南开以“立足南开，面向全国，放眼世界”致力于中国成为数学大国以至数学强国的事业中，又与他共同度过了十分忙碌同时又十分愉快的二十多年。直到最后他在南开数学所（NM）落叶归根，鞠躬尽瘁，死而后已。

在这二十多年日日夜夜的岁月中，陈先生全身心扑在推动中国数学的事业上。他不仅在战略上时刻考虑如何最有效地帮助中国数学尽快赶上世界水平；而且每天上班细致处理一件一件繁琐的行政工作。他建议并协助在国内举行双微会议，二十一世纪中国数学展望会议，以至世界数学家大会等，从来十分尊重我国数学会的领导，从不干涉内部事务的安排。另外与人合作组织会议，他总先问你们的想法如何。为响应中国数学率先赶上世界水平的号召，国务院有意建立“天元基金”予以支持。有领导示意可考虑用于扩建NM大楼，陈先生表示“天元基金”应面向全国而婉言谢绝。他不仅先后送NM五辆全新进口汽车，沃尔夫奖全部，以至很早立下遗嘱：遗产2/3给其子女，1/3给NM。最后邵逸夫奖一百万美金分赠世界著名数学所（以便我国数学家前去访问）、清华大学、南开大学。更令人感动的是他还千方百计在许多旁人看来的小事情上替NM省钱。他常在会议宴会中亲自点菜，不多不少，决不浪费。亲自与著名出版社联系争取图书优惠。有一次邓小平要接见陈，前一天晚上到北京住宾馆，我陪同隔天去餐厅吃早餐，没有见到陈与师母，打电话去催，他说已经叫宾馆送了一份早餐在房间吃过了，并说他俩吃一份早餐就够了。记得早餐中一根油条五元，比一般确实贵多了。但终究这么一点小钱，在我们看来不必计较了。

陈先生这二十多年中真可以说“马不停蹄”。他在九十高龄，中国已大体成为数学大国，大家认为可以休整一段了。但他却已在着重思考如何才能从数学大国提高到数学强国。有一天他突然向我提出是否可能盖一个新的数学大楼？我一下不明白他的意思，说不是已经有一个数学大楼了吗？他就慢慢说出他的想法。陈说，中国数学离数学强国还有相当一段距离。要缩小这段距离，重要条件之一是在我国应像当年德国的哥廷根、现代美国的普林斯顿那样建立一个世界数学的交流中心。这样，中国青年一代的数学家都有机会到这个交流中心来接受现代数学新潮流的洗礼与锻炼。这才可能较快地促成一批又一批高水平的数学家诞生。老的数学大楼，就面向全国而言，确也大体可以了；但就面向世界而言，就不够格了。没有想到陈先生的设想非常迅速地立即获得中央的大力支持。记得上面来人要我们拿出新大楼的计划时，我们还什么都没有准备。在突击新大楼的规划时，有人认为既然中央这么积极支持，我们趁机应放手提出各种要求。但陈先生强调必须务实，为世界数学交流活动所必需的设备，要求结实耐用，不能马虎；但切忌豪华。所以国家计委批复我们提出新大楼的计划时，不仅没有削减其中任何项目，相反还主动提出了原来没有的几个新项目。陈先生在这几个新项目中，除大楼底层加建车库外，其余新项目仍以并非必要为由建议取消。

陈先生虽已九十有余，在大楼建造施工中经常坐着推车前往工地视察。大楼一层一层往上发展。他好像看到中国离开数学强国的距离天天在缩短，心情无比欣慰。万分遗憾的是陈先生没有等到大楼的盖成，就离开我们走了。回忆这二十多年的经历，一幕一幕的情景，光阴如箭地一页一页翻过去了。但其中激动人心的一个一个镜头记忆犹新。特别是最后几年我与陈先生经常一起共进早餐，瞻望我国数学事业的美好前景，天天相处畅谈，总还有谈不完的话。现在先生离开我们已有两年，但他似乎还永远活在我们中间，不断鞭策着我们为争取数学强国的早日到来而努力奋斗。

（作者为南开大学教授）

陈省身先生与“求是科技奖”

张恭庆

陈省身先生认为：“科学是杰出的科学家创造的，奖励有成就的人和培养下一代是提倡科学的重要任务。”他还认为“一个国家的高等科技教育，需要自己来做，不能交给他国”。因此他在帮助中国发展数学时，特别重视人才的培养，尤其是注意有突出才能的青年人才的选拔和提高。从70年代末到80年代，在帮助我国往欧美派送访问学者，通过“陈省身项目”选送赴美留学生，举办研究生暑期教学中心，连续召开7次“双微会议”以及组织南开学术年等活动中，陈先生都着眼于培养下一代，从中发现人才，提高他们的水平。同时，陈先生还利用他的特殊身份多次向中国政府领导人提出创造条件让这些优秀人才能够在国内安心工作的具体建议。

自从70年代末，我和陈先生有较多接触以后，每次见面，差不多他都要谈到这方面的问题。陈先生经常会问：又有哪些新的有能力的年轻人？他们有什么表现？有什么困难？还有，他能帮助他们做些什么？有时，陈先生还要亲自约见这些拔尖的年轻人，吃顿饭，聊聊天，给与关怀和鼓励。

90年代初，我国正处于经济转型期。当时大学的经费少，基础科学受重视不够，教师的待遇差，不少优秀的年轻学者出国不归，报考数学系的大学生、研究生人数也一度大幅度下降。大家虽然知道困难只是一时的，政府也已经提出了“科教兴国”的方针，但面对那种情况心里还是很着急。那几年见到陈先生，我们话题的中心就是：如何使一部分最优秀的青年学者能在国内安心工作。

1994年查济民先生及其家族设立了“求是科技基金会”，其主要目的是推动中国的科技研究，并奖励在科技领域有成就的中国学者。陈省身先生被聘为六位顾问之一，是其中唯一的数学家。第一年颁发了“杰出科学家奖”，奖励有杰出成就的中国科学家，以鼓励和支持他们继续研究工作。吴文俊先生荣获大奖。第二年增设“杰出青年学者奖”，目的是奖励一部分在国内工作的有突出成绩的青年学者。“杰出青年学者奖”包括：数学、物理学、化学、生物医学等四组。数学组奖从1995年一直延续到2001年前后7次。每位得奖人连续4年每年获奖金1万美元，其中一半是研究经费，其余一半用于补贴生活。这个数量与当时的工资水平相比应是不小的一笔，对于稳定那些青年学者在国内继续他们的研究工作起到了一定的作用。

1994年秋冬之际，陈先生对我们说，从第二年开始，“求是奖”将增设青年奖，他本人在委员会内，他找了几位专家跟他一起提名。陈先生说基金会是私人机构，运作上可较灵活，他本人也不喜欢复杂的遴选手续，当然“希望是公允的”。他还举例说，有几年美国的Sloan基金（也是私人基金）数学奖的评奖人就是他和J. Moser两个人。手续简单，吃顿饭，一商量，就决定了。只要得奖人的水平真高，就没有问题了。当听到“求是科技奖”将增设“杰出青年学者奖”这个消息时，我的反应是：在这个时候有这样的奖励对于我国数学发展虽是“杯水车薪”，但对于一部分优秀的人才来说终究是“雪中送炭”。然而要从那么多的优秀青年学者当中每年仅挑出5名来奖励，难度实在太大了！评奖的指导思想就是陈省身先生在1995年“求是基金会”上所说的：“相信这群学者中，有多数将为未来中国科学的领袖。”

从1994年到2000年，每年冬天，陈先生都要给提名人打电话，让大家做提名准备，次年春拟定一个名单提交给他。他要求多提几个名字供选择，然后他再根据自己的了解作添加和删除。又因为一年最多只有5个名额，刚开始时那么多优秀的学者不可能一下子都上，他说多提一些，下一年还可以用。陈先生办事非常民主，在他确定名单前，总还要反复再征求大家的意见。

在1995–2001这七年中，以下34位学者获得“杰出青年学者奖”：

1995　丁伟岳，時俭益，李安民，王诗宬，张伟平。

1996　马志明，洪家兴，陈木法，彭实戈，龙以明。

1997　文　兰，王建磐，周家足，程崇庆，郑志勇。

1998　方复全，李洪波，唐梓洲，周向宇，张继平。
1999　王长平，李嘉禹，周　青，高小山，陈永川。
2000　尤建功，扶　磊，雍炯敏，赵国松，刘培东，
2001　尹景学，吉　敏，朱小华，巩馥洲。

求是“杰出青年学者奖”确实使这样一批优秀的学者得以安心留在国内，专心继续研究，做出成绩。

从98年开始，随着国家经济的逐步好转，高等学校的教育经费得到较大幅度的增长。对教师发放了岗位津贴，使他们的收入有较大的提高，从02年开始，求是基金停止了对青年学者的奖励。

“杰出青年学者奖”的提名过程，不像评审国家级或省、部级奖项那样，要求个人申请或单位推荐，要填写很厚的申报表，写明主要研究成果、发表情况，还要附上详细的评价材料等等；而是根据提名人从多方面对被提名人进行了解后，对其一项突出成果所作的说明。得奖人在得到通知后，再把自己的主要成果写出来提交基金会。这种做法有一定的局限。因为不论提名人主观上如何希望做到公平、公正，在客观上都不易超越自己所熟悉的学科领域。然而对于一项私人基金来说，没有那么庞大的专家库，不必支付一笔可观的评审费用，也不需要那么多的会议工作人员，用这种方式评议也是无可厚非的。

现在事情已经过去多年，回顾一下陈省身先生在1995年求是基金会上说的话：“相信这群学者中，有多数将为未来中国科学的领袖。”再看得奖者的名单和中国数学界的现状，还真是离当年的初衷不远呢！

（作者为北京大学教授、中科院院士、
第三世界科学院院士）

点滴回忆陈省身先生

葛墨林

在2004年12月3日那个多雾而寒冷的夜晚，陈先生逝世了。望着他安详的面孔，变得稀疏的白发，身穿一件很旧的退色的绒裤，大家无不泪如泉涌。范曾兄大哭失声，我从来没有见他如此悲痛。想到几乎每月一次在陈先生家中的聚会，范兄与陈先生开怀畅饮、无所不谈，陈先生的音容笑貌都已成为过去，永不再来。我同范兄一样，感到难以形容的悲痛。在向遗体三鞠躬之后，由伟平、范曾和我将陈先生逐渐变凉的遗体移到推车上，大家沉默地送他去太平间。走在那段不算太长的小路上，迎头仰望着朦胧的月色，心想陈先生可以和陈师母团聚了，如果有天国的话，他们应当受到款待，因为他们是好人、实实在在的好人。

我第一次见到陈先生是在一九八六年。那时我已从美国纽约州石溪回到兰州大学一段时间。记得在86年6月初，我接到杨振宁先生的电话，让我6月7日去北京饭店见他。那时在国内长途电话尚不多见，觉得一定有重要的事情。大约上午十时左右，我见到了杨先生。他谈了些别的事情，包括建议中国政府提高知识分子待遇等想法，之后问我知不知道陈先生办的南开数学所。我说听说过，在中国数学界是件大新闻，但不清楚具体情况。杨先生说，陈省身先生请他在南开数学所里办一个理论物理研究室，但他想去天津看看条件如何，再做最后决定。他说陈先生既然提出这个想法，想来一定有相当的条件。如果建立一个研究室，就应当有人长期做研究，问我愿意不愿意去南开大学工作。我自然是比较高兴去南开数学所工作，但由于当时调动工作不是一件容易的事，而且还没有同家中商量，因此当时表示，我非常愿意随杨先生去南开大学，看看具体情况再做决定。随后，杨先生带我去北京饭店餐厅午餐。刚刚坐下不一会儿，杨先生站起来向门口走去，我也跟随他去，原来是陈省身先生和陈师母一行来了。这是我第一次见陈先生，第一个印象是他耳朵特别大，面部很有个性。杨先生向他介绍说这就是葛墨林，陈省身当即说："我什么时候给你签聘书？"看来他们两位早有所沟通了。本来我见陈先生很拘束，因为在这位大数学家面前，自己实在不知所措，但陈先生这么一说，使我心态平和下来，而且旁边还有杨先生的照顾，我于是说，在国内调一个人可不简单，有户口、粮食关系，行政关系一大堆事，和美国完全不一样。陈先生和杨先生都笑了，陈先生说那么我们到南开再谈。其后在南开大学，当时的校长母国光教

从左至右为：陈省身、葛墨林、杨振宁、范曾

授，协助陈先生创立数学所的胡国定教授，物理系何国柱教授，陈省身先生、杨振宁先生以及我本人参加的会议上，决定成立南开数学所理论物理研究室，由杨振宁先生负责筹建。杨先生当即提出调我来南开，陈先生当即表示聘任，并由我们起草向国家教委的报告书。因为南开数学所是直属国家教委的，而理论物理室的事又涉及杨振宁先生，故必须以南开大学的名义形成文件，并由陈、杨两位先生和校长等签名后上报。记得在定稿之前，陈先生特别嘱咐要把调我来南开的事作为一项内容。自1986年10月份起，我成为了南开数学所教授，在陈先生、杨先生领导下作研究工作，也开始了与陈先生的接触，并开启了我二十年的数学物理研究之路。

由于理论物理研究与数学有密切的联系，因而国际上一些数学所都有理论物理研究室。1985年创立南开数学所后，次年即请杨先生来筹建理论物理室实在是一个睿智之举。由于杨振宁–Mills场的发展，陈先生的整体微分几何理论，包括陈省身示性类，陈–Simons等拓扑性质已经与杨振宁–Mills场密切结合起来，不仅在数学中形成一个大的领域，在理论物理中也有重要应用。同时，以Faddeev为代表的列宁格勒学派，京都学派以及一些数学家将理论物理中二阶非线性偏微分方程的求解问题的研究推向高潮。从经典到量子理论，进一步针对低维非线性场论模型建立了量子反散射方法，引入杨振宁–Baxter方程(YBE)，结合Bethe Ansatz，解决了许多模型的严格解问题。而不少结果是在杨振宁先生的成果基础上发展起来的。杨先生的父亲杨武之先生是陈先生的老师，在西南联大时期，杨武之先生是数学系系主任，陈先生是教授，而杨振宁先生当时是西南联大物理系学生，听过陈先生的课，是陈先生学生。而陈先生的数学理论与杨先生的杨–Mills规范场理论又是浑然一体的理论。现在陈、杨两位先生又联手在南开数学所建立基地、力促中国数学物理的研究，这实在是中国数学物理发展历史中值得记叙的事件，也是这领域的学者一生中难以遇到的事。我非常幸运地见证了这段历史，并亲身体验了理论物理室发展的全过程。就个人而言，有幸跟随杨先生三十年，同时跟随陈先生二十年，特别是后十年经常在陈先生身边，得以教益，终生难忘。

来理论室工作，首要的是选择研究方向。于是我去见陈先生，想听他的指示。陈先生先是说明了他办所的方式，他的原话是“少开会、无计划、多做事”。从以后二十年看，这是他办伯克利的美国数学研究所的经验。关键是大家努力作研究，不要开那些非学术性会议。好的成果不是计划出来的，而是悟出来的。接着他说得非常清楚“我设立的这个研究室，就是做杨振宁的方向”。以后他更明确地说“以后不做振宁的方向的人，可以到别的地方去，不要在这个理论物理研究室”。为什么陈先生这样说，有他的科学背景。自二十世纪七十年代初杨振宁先生访问中国以来，他做了两方面的演讲：有关杨–Mills规范场与统计模型严格解两个新领域，其原始思想都来自杨先生。在他讲演之后，我国的学者们在经典杨–Mills规范场研究方向，虽然在文革当中那种困难情况下，仍做出了优秀的成果。杨先生更与复旦大学谷超豪、胡和生教授等合作，在中国带动了这领域的研究。然而，国内学者并没有在统计模型严格解方面发展。而列宁格勒学派和其他国外学者都在这个领域作出了杰出的工作。杨先生同陈先生谈了这个情况，因而杨先生自然希望南开数学所理论物理室的研究方向与第二个领域有关。那么这个方向已发展了十几年了，是否还有发展的余地呢？在数学方面，俄国数学家Drinfeld因1985年发表的有关量子群工作而获菲尔士奖。与之相关的辫子群、拓扑性质，杨–Baxter方程等等研究进一步达到高潮。所以理论室能在恰当时候进入这 数学物理领域，是再合适不过的了。它又与陈先生关于南开数学所的发展理念相吻合。由于这个背景，不难理解陈先生短短回答的深意了。见到陈先生不久，有一件小事让我非常感动。有一次与陈先生谈话后，我顺便说，如果有急事找我，可以请办公室的人到家中通知我一下。因为1986年秋我刚迁入南

开，那时家中装电话是很高的待遇。谁知过了两天就有人来家中装电话，而且校长还亲自打电话检查通话情况。后来才知道是陈先生亲自过问了这件事。

作为开始的学术活动，陈先生、杨先生邀请了当时苏联斯捷克洛夫研究所列宁格勒分所所长Faddeev院士来南开作演讲，国内许多学者前来听讲。其后Faddeev院士的几个学生（现在都是名学者教授）又应邀来南开作长期学术讲座。自此，几乎每一、两年一次的南开数学所理论物理室都举办国际性的Nankai Workshop。在量子可积系统、辫子群、量子群、杨振宁–Baxter方程等方面进行了卓有成效的研究，毕业了一批能干的博士生，他们现在活跃在我国各个领域。

在数学所这近二十年的历程中，陈先生对我们潜移默化的影响处处存在。作为学术大师、忠厚长者，同他经常的交谈，讨论甚至争辩，渐渐地影响了我们的人生。同时，他的作风也形成了南开数学所，现更名为陈省身数学所的风格。在本文短短的篇幅中，我只能就几件事的回忆谈谈我接触到的陈先生的点滴。

陈先生对数学有他自己的看法。他经常问我，为什么你们什么课都要教给学生？不能让学生里能干的人自己讲吗？你们再同他们讨论。我说学生们还需要培养。他说，你们为什么爱用“培养”这个词？其实真正好的学生不用教，差的学生教也教不好，主要靠学生自己。人才不是“培养”出来的，是靠努力、灵感、机遇冒出来的。他说，他年青的时候，不但读别人的文章，而且把作者的姓名，包括First name都记得很清楚。参加讨论时，说得很准确，这样别人会有好的印象。在谈到获得成就时，我们一般是强调苦学、勤奋。陈先生常说，光一天干十几个小时，干不出什么来。作研究要有灵感和机遇。没有灵感，作不出好的成果，没有机遇，冒不出头来。其实陈先生自己是很勤奋的，他在90岁高龄时，每天早上五点多基本上就醒了，开始研究 S_6 流形上的复结构问题。常常是觉得对了，写成短短文要送去发表，过了一天又觉得有问题，追回稿件。记得一次陈先生约我去他卧室，他正在与年青教授扶磊讨论这个问题，当中有一个用Cartan结构方程证明的一步。陈先生认为过得去，扶磊认为过不去，谁也说服不了谁，最后扶磊坚持否定的结论。我怕陈先生太激动，影响身体，遂中止他们的争论。那时陈先生半躺在一个睡椅上，大家喝杯茶，平平气。其后陈先生说他再考虑，然后谈了许多别的事。从这个故事可以看出陈先生学术民主的作风。有时来客人，大家谈得高兴，可是到了晚间他休息时间，我提醒他。他问我血压多少，我说低压有时90，他骄傲地说，我低压才70多，我们可以再多谈会儿。

陈先生常说，他学数学是因为跑百米跑不过女生，作实验又不行，只好学数学。他经常强调数学的美，尤其对复数赞赏有加。记得在杨振宁先生80寿辰前半年，他叫我去见他，问可不可以组织一些学术活动。那时范曾兄刚刚出版了“庄子显灵记”，当中涉及许多哲理，包括物理的观点。陈先生建议会议名为“范曾先生谈美”。但范兄坚持，首先应当由陈先生谈美。最后在全校大会上，陈先生谈了数学中的美。他列举各种数的美、几何中的美，范曾兄谈了“大美无言”，会场雷动。过了一段时间，杨

振宁先生来南开做了物理中的美的报告，陈先生亲自在会场坐着轮椅听演。

陈先生经常有新的想法，有些在我们看来是不可能的，但它们几乎全部得以实现。他忽然想到要出一个2004年挂历，名为“数学之美”。每个月有一个主题，简单扼要，图文并茂。

例如在这个挂历的壹月份，右上角写道：“复数，形如$x+iy$的数，其中x和y是实数，i是虚数单位（即满足关系$i^2=-1$的数，也可记作$(-1)^{1/2}$）。”在画有笛卡尔平面坐标与球面的赤道平面两个图当中写道：“从16世纪开始，解高于一次方程的需要导致复数的形式。高斯在证明代数基本定理和研究二次剩余理论中应用并论述复数，他把复数和平面上的点一一对应，引进了‘复数’这个名词。”在左上脚写道：“复数系统在科学上的作用可大了。没有复数，便没有电磁学，便没有量子力学，便没有近代文明！数学的伟大是不可想象的。”在他写没有复数便没有量子力学时，曾三次让我查询杨振宁先生的有关文章，并让我在与杨先生通电话时予以确认。而有关中国数学史有没有复数这点上他与吴文俊先生曾有许多讨论，甚至争论。在挂历的其他月份包括正多面体、刘徽与祖冲之，圆周率的计算，高斯，圆锥曲线，双螺旋线，国际数学家大会，计算机的发展，分形，麦克斯韦方程，中国剩余定理等。为了这部挂历，陈先生给许多学者分配了任务，根据素材再浓缩，修改最后定稿。它们图文并茂，色彩分明，是我国唯一的介绍数学的挂历，是真正的科学普及。这个挂历只以他的名义送人，不作为商品。结果非常成功，引起许多人的兴趣，成为数学界和科学界美谈。一个小故事是曾给我国物理的元宿彭桓武先生寄了一份，但不知为什么他没有收到，后来又补寄，彭先生十分高兴。上世纪末，中国的大学合并成风，南开大学与天津大学合并的事也曾讨论过多次，由于种种原因，两校最终不合并。陈先生找我几次，提出由两校联合成立一个应用数学研究所。他这个想法也与天津大学的学者进行过讨论。我觉得这个想法可真是个革命性想法，但担心是否能运作起来。但不久，陈先生即给当时的教育部长陈至立写信，建议成立两校应用数学研究所，结合南开数学优势与天津大学很强的应用背景，促进我国应用数学的研究。这个建议很快获得批准，并指示于2002年4月成立。陈先生亲自召集南开、天津大学有关学者到他家中确定了学术委员会组成（包括林家翘先生等）与主要运作方式等等。我们问他什么叫“应用数学”，他首先说，其实好的数学都是应用数学，比如牛顿的微积分能说不是应用数学吗？但从数学的发展到实际效果有一时间与实践过程。他还提出，可以多想一些方向。例如现在与生物基因有关的数学问题就很难，因为问题不单纯。就像开普勒之前的天体研究一样，数据太多、没有总结出规律，就难以提升到数学规律。只有在开普勒总结出三定律之后，抓到了要点，牛顿才得以创造出微积分。创建这个研究所，有许多困难，都是陈先生亲自化解和解决的。首先，离开幕式还有四天时间，研究所的名称还没定下来。两校没有合并，名称又是个敏感问题。最后我只有找陈先生，请他亲自提名，他拿起笔在一张A4纸上提写“南开大学、天津大学刘徽应用数学研究中心”，这才确定下来。但当时大家对刘徽并不甚了解，陈先生又让我读了中国数学史有关刘徽的章节。并亲自请吴文俊先生来天津报告中国古代数

学家刘徽的生平与数学贡献。近八旬高龄的吴先生从北京提了一提包参考资料来，报告预计一小时，结果讲了两个多小时，陈先生坐在轮椅上自始至终听讲。有了刘徽中心作依托，南开、天津大学两校便可联合组织应用数学的学术活动。一天陈先生问我，为什么学校中很多教授不上基础课。他想给两校学生讲微积分。这真是求之不得的好消息。公告发出后，想来听讲的人实在太多，几乎超出南开数学所大报告厅允许人数的三倍，最后没有办法，只有发听课证。陈先生本计划讲八讲，他特别强调外微分形式在微积分中的作用。但因为患感冒，未能完成八讲。他的讲演后来整理成文，但他没有时间修改，至今尚未出版。我们听讲时，望着他，坐在轮椅上，身穿米黄色风衣，满头白发，在透明片上写下公式。而底下的大学生有幸占到座位的，有的挤在走道，但都专心记着笔记。他们年纪与陈先生差有七十岁，而七十多年前，陈先生也正在南开求学。现在他把自己的晚年又贡献给母校，这真是让人感动的场面。

陈先生率真的性格是大家都知道的。他简短的话里常常含有幽默。有人访问他长寿的秘诀，他回答有两点：第一，不运动。第二，吃肥肉。事实上他在主餐中常常吃一块叩肉或是带肥的肉。有人问他为什么这么执着于数学，他说“数学好玩”。谈起诺贝尔奖时，他常说，数学没有诺贝尔奖是好事，少了好多矛盾。谈到他在普林斯顿时，爱因斯坦想吸引他合作研究统一场论时，他说爱因斯坦自己的数学其实并不太好。他还是按他自己的兴趣专门研究纤维丛、整体微分几何。爱因斯坦有时请他到爱氏的家中坐坐，喝咖啡。他注意到爱氏家中书架摆放的书籍并不多，其中有老子“道德经”的德文版。

由于范曾兄常住北京，他每次来南开，都在陈先生家中小聚。我是常客，有时候叶嘉莹先生，陈洪教授也加入。陈先生家中虽有人帮忙做饭，但聚会时的饭食主要有两个来源，一是由南开大学专家楼餐厅送来，另一个则是范曾兄张罗请天津市的饭店送来陈先生喜欢的淮扬菜，这是范曾兄很得意的事。陈先生也常常夸奖菜品清淡、可口，并常拿出绍兴米酒或是国外回来的人送给他的酒助兴。这种聚会在他辞世的前几年几乎每一、两个月一次，已成为我们生活中的一部分。席间谈古论今，他们都是古词诗、绘画、古文大家，而陈先生也相当熟悉此道，真是古今中外谈得无拘无束，遇到了知已。陈先生对清朝庄妃是否改嫁颇有研究，他还曾在天津的报纸上发一短文，论述庄妃并没有下嫁多尔衮。但在去世前半年，他改变了观点，觉得是下嫁了。清东陵近年重新修缮，原来废弃的庄妃墓也恢复原貌。我曾去认真参观，并向先生作详细描述。他详细询问了方位，里、外城情况、高度、规模等细节，说以后要亲自去一趟。可惜因行动不便，终未成行。先生十分钦佩司马迁。几次问为什么司马迁的死没有记载？是不是被汉武帝杀了？他认为应当认真考证。他还谈到现在中国在美国留学人员有些在美国国防部门工作，一旦中美有动武的事，这些人会帮助美国打中国。要在有关学校建立基础研究与国防的综合学院，吸引这些人回来。在文艺方面他也兴趣广泛。我对文学、艺术几乎是外行，所以多作为旁听。陈先生非常推崇八大山人，

范兄更是景仰八大山人。他们一谈即合，分析八大山人画的风格、为人等等。记得一次我在天津古文化街买到一本减价后很便宜的八大山人的图册，陈先生爱不释手，要拿另一画册与我交换，我当然诚心诚意送给了陈先生。他们还谈到赵孟頫、吴昌硕……。记得他们都有很高的评价。陈洪是对联高手，有时还出些上联，征对下联。有次赶上陈先生生日，不少人送了包括瓷寿星等礼品，摆放书房。范曾兄来了。大说俗不可耐，统统换下。于是他送来了周鼎、红木底座的山石等等，遂使橱架上古色古香。有聚会到了晚间九时，或下午两点多，陈先生该休息了，我几次提醒，他都意犹未尽不肯散席。我想，这些时候该是陈先生最开心的时候。他辞世后，范曾兄几次谈起，都觉得内心空荡荡的。我再也听不到陈先生在电话中那略带沙哑而又沉稳的声音了："墨林，来聚一聚"，"墨林，来谈谈"。每念及此，陈先生讲话时强调一个问题时的手势，伸手向前，开掌、小手指略向内弯的样子，每念及他谈话中常常用"很要紧"表示对某问题的重视时，每念及他想做一件事，征询你意见时那种直视、期待你回答时真诚的眼光……，但如今阴、阳两界，再遇无期，不禁常常感到人世的悲凉。我想范曾兄更是如此，他曾亲自书写挽联：

四昭炯灵智仰看河汉行星先生大名垂宇宙
一哀哭栋梁力拓无涯数学功业万古待英才

反映了他和陈先生的友情。联中所指行星系指不久前命名陈省身星一事，而"待英才"指陈先生一生提拔后进。另一件重大的事是国家批准给南开数学所建一个大楼，陈先生异常兴奋。大楼的模型就放在陈先生书房里。他请范曾兄画一幅大画，放在新大楼当中，范兄当即答应。随着大楼接近完工，陈先生曾两次让我向范兄探询千万别忘了这件事。范兄其实用了近两年时间构思，他说他决不会忘记的。2004年，我接到范兄电话说大画完成了，我当即去他北京家中，看到画中陈先生与杨振宁先生那种惟妙惟肖的神情，真是难以形容的兴奋。当天回南开向陈先生报告。第二天陈先生便亲自去北京观看此画，它仍固定在范兄画室西壁之上。先生欢喜之情溢于言表，范兄为先生讲解了他构思的过程，先生饶有兴致地让把他的轮椅推到丈二大画前，像个孩子似地说："你们比比，怎么样？"，"再过几十年我就是这样子了"，"我因为这幅画真会传世了"。我曾打电话告诉杨振宁先生大画完成的消息，他说次日的日程已定好，不好改动，但结果他还是立即去了范兄家中。后来这幅巨著在南开大学展出，陈先生、杨先生都出席了，参加会的人盛况空前，在画室内异常拥挤，以至于杨振宁先生高呼大家不要挡住陈先生。现在这幅画就放在陈省身数学所一楼大厅，人们一进门就会看到两位巨人在亲切地切磋问题。但陈先生没有等到这一天。2005年8月，先生亲自倡议召开的第23届理论物理微分几何方法国际大会在新落成的大楼里举行。国际上百余位学者聚会一起，缅怀对陈先生的敬意，驻足画前，见过和没见过先生的人纷纷拍照留念。会中他们报告自己的科研成果，作为对先生的纪念。

范曾兄将这幅巨画送给数学所，我们建议陈先生要给范兄一个回执。在先生家中由伟平先拟了一个条词，有几十个字，建议

由陈先生亲自手写。先生看了一会，结果提笔在一个谢帖上用力写上“谢谢”并署名省身，并用章。结果范兄十分高兴。

在先生的晚年，个性表现得更为明显。记得有人访问他，并一再客气地对先生说要注意休息、保重身体。先生不以为然说：“好，你们现在访问就影响我休息，我是不是现在应该休息？”有位部级领导人访问南开，他大谈基础研究的重要性，先生当着一厅人问他：“你现在是不是就可以拨一笔经费支持数学研究？”结果那位领导笑笑没有了下文。有一次一位来自国外的教授在所里报告工作，陈先生到场听讲。因为报告中有些物理的作法，与我有不少讨论。但从他报告中可以感觉到研究作风方面的不足。不久陈先生有电话给我，说这些工作不甚可靠，不能作为我们这里的研究方向。我当时感到先生一生阅人无数，真可谓火眼金睛，我的确也不打算有这方面的合作。先生常常对一些现象发表他坦率的看法。80年代中，国内教授工资很低，先生几次说，香港教授工资比国内的高80–100倍，这会影响国内的发展，他要向国家领导人提出建议。陈先生对某些国外华裔学者以兼职、讲学为名，大量花费中国教育资源，回中国旅游、甚至举家休假十分反感，认为这就是欺骗。他对国内青年数学家、数学研究极为关心。在他获香港邵逸夫数学奖之后，一天晚上接近九点钟，他打电话来，让我通知清华大学，他捐助10万美元帮助数学研究。而他去领邵氏奖前，自己舍不得买一双皮鞋（他长时间坐轮椅，穿布鞋）借了女婿朱经武一双皮鞋（经武兄人不高，但脚大）。清华大学一位青年数学教授想调走，陈先生让我带话给杨振宁先生，后来又亲自打电话，请杨先生帮助了解他的困难，设法留在学校。他主张给高水平而诚心回国的中青年数学家优厚的待遇。有次谈到某位杰出的留美中国数学家时，他反问道，为什么不可以给他每年一百万元的年薪。而他自己生活则甚为简单。记得2002年有人建议翻修陈先生居所宁园。校方再三同陈先生谈，最后陈先生说："要修你们修，修好我要把它烧掉。"此事遂罢。宁园除装一部电梯外，二十年没有怎么修缮。

陈先生的晚年充实而忙碌。包括他邀请的朋友，以前学生以及访问南开数学所的人，都想见见陈先生。包括访问理论研究室的物理学家，只要我向他提出，他从来未拒绝过。有时午餐会聚两拨人，同时招待。他很守时，会按约定时间从二楼乘轮椅下来。个别时候我们去晚一、两分钟，他已在书房等候了。前英国皇家学会会长M. Atiyah教授是陈先生好朋友，他曾多次来南开访问。当陈先生在南开时，他们相谈甚欢，后来又商订举办爱丁堡-南开两大学联合学术会议，隔年在爱丁堡大学与南开大学分别举行。几年前陈先生回美国一段，Atiyah来时，特意让我在陈先生画相前拍照留念。很让我感动的是彭桓武先生的来访，那时他们都已是或接近90高龄的老人。彭先生住在陈先生的住所宁园里，由于他有糖尿病，他坚持自己的食谱，少糖、少盐。二老相见极为兴奋。记得约好次日早晨8点吃早饭，我特意早到半个小时。只见二老已在书房中闲谈。陈先生给彭先生讲纤维丛、示性类、Finsler几何，彭先生给陈先生讲量子力学、引力理论，他们两位那样认真，间或还提起一些老一代的数学家与物理学家。这个场景让我感叹不已。1947年底陈先生住在上海中研院宿舍准备去美国，而彭先生恰恰从英国回国。两人一起住了一个多月。

五十多年以后，殊途回归，一个是数学大师、一个是我国理论物理泰斗、两弹一星功勋科学家。他们对科学的追求，对祖国的热爱，实为我们的表率。其后应对陈先生和贺年卡自题诗，彭先生赋诗一首（见本书彭先生文章），亦为一科坛轶事。还有一件让我感动的事至今难忘。在陈、彭二老谈话时，忽然陈先生停顿了一下，说：“我们两个人都有一个共同的状况，你的太太去世多年，士宁（陈夫人）也去世了。我现在感到很孤单。”接着是一时的沉默。他说话时，那种怅然的眼神，是我从未见过的。为了不使他们感伤，我用插话打断了这个话题。

杨振宁先生看望陈先生的次数就更多了，就住在宁园一楼的房间里。由于他们间的密切关系，常常是见了面总有谈不完的话题。要写他们的关系的话需要专文才行，由于篇幅所限，就不在本文叙述了。陈先生和杨先生都与俄国Faddeev院士有很好的友情。早在1987年Faddeev来南开讲演时，与陈、杨两位会面，时称三星会聚。Faddeev曾任世界数学联盟主席（1986–1990）对杨振宁–Mills规范场（YM）的研究有极为重要的贡献，他有关YM场上同调等拓扑性质的计算与陈先生的理论密切相关。同时他领导的列宁格勒学派首先提出杨振宁–Baxter方程，并创立量子反散射方法。因此他们三个人的学术会晤是件非常有意义的事。事实上Faddeev应陈、杨两位先生的邀请，帮助发展了南开数学所理论物理室。记得先生逝世前两年，Faddeev来南开，一天下午，在书房与陈先生谈话，其间他忽然让人拿蛋羹来，并对我说Faddeev很遵守欧洲习惯，我们同他喝午后茶，可见先生关心人之深。陈先生与包括谷超豪、胡和生、张恭庆、姜伯驹……等大批数学家关系密切，他们之间的故事就更多了，难以在本文中叙述。他接待的国内的物理学家也很多，包括郝柏林、何祚庥、杨福家、甘子钊、贺贤土、孙义燧……院士等等，都曾受到陈先生的接待。一件有趣的小事是，杨振宁先生八十寿辰时，陈先生出席了清华大学主楼二楼会议厅的会议。会议休息时，人很多，无人顾及坐轮椅的陈先生，上、下台阶。临时由护工、我还有甘子钊、杨国祯四人抬着轮椅下到了一楼。事隔半年，当我向他介绍时，陈先生竟一下说出，“你是甘子钊。”我当时着实有些惊讶，想不到他有这么好的近期记性。在刘徽应用数学中心成立时，陈先生费许多心思探讨可以开展的研究方向，其中一个就是生物中的数学。记得请来了林家翘，钱敏与郝柏林几位先生。他很想吸引钱、郝两位来这个中心部分时间工作。陈先生亲自听了所有报告。他觉得要弄清到底有那些数学问题。郝柏林先生对我们说，要作生物里的数学或物理问题，不能作票友，一定要钻进去。其后陈先生让我审慎掂量这个方向如何作法。幸运的是南开大学数学学院有教授在有关算法上有很好的成果，而我本人则没有敢涉及这个领域。

2004年11月26日是个星期日，陈先生电话，叫我下午四时去他家谈谈。我到达他卧室时，他和平时一样，半仰坐在躺椅上，让人给我倒了茶。首先给了我一本“陈省身传”，封页内有他亲笔签名，赠送兰州大学段一士先生。段先生是我的老师，广义相对论专家，钻研过陈先生的文章，并发表过研究成果，在访问南开时与陈先生相谈甚欢。然后用不少时间谈了他心中的不快及今后想法。我感到陈先生为我们做了这么多，而个别人做的事的确对不起陈先生，只有好言相劝。然后他让拿来蛋糕，我劝他少吃一点，怕血糖高，他说近来测血糖，指标正常。然后他嘱咐我要向杨振宁先生谈，请他仍然要多关注南开数学所理论物理室。他说："振宁在清华办的中心，算是亲儿子，可南开理论室是他的干儿子。"最后他谈及数学所的事，对张伟平当所长这段工作表示满意，又谈了今后注意的事等等他嘱咐的事项。我对陈先生说，您身体还很健康，那些说您能活150岁的话我是不信，可是活到期颐之年是有先例的，先不要顾虑这些事。他说，你们都是给我宽心，人老不知道什么时候就不行了。因为谈话已经超过一个小时了，既怕他累，又觉得内容有些伤感，遂一再请他休息，告辞出来。次日下午，我接到通知，陈先生住院，一周后先生辞世，这次谈话竟成了永诀。

陈先生，我们永远想念您。我们会世代记住您为南开、为中国所做的一切。您活在我们心中。

（作者为南开大学陈省身数学所教授、中科院院士）

人生几何 几何人生

项武义

人生几何？是曹孟德对于人生苦短的感叹，而几何人生，则是陈省身先生一生的概括。陈先生毕生致力于几何学的教与研；承先启后，继往开来，博大精深，功业永在；是一个辉煌的几何人生。若要理解“几何人生”的真谛何在？自然就得由“几何学在文明中所扮演的角色”探求之。有鉴于此，在2005年10月28日，于天津南开大学纪念陈先生冥寿的大会，我就以此为题作了一个专题报告。

陈先生是举世著名的几何学大师，是我们钦仰的前辈，他的几何人生不但是文明史中光辉的一页，也将是启迪后进的明灯。

在此我想再以此为题，追溯陈先生的几何人生之一二，缅怀先贤，略抒心中思念敬仰之忱。

我第一次得见陈先生是1958年秋，他首次回台访问，在台大作了一系列几何学的专题演讲，使得当时业已大四但是自觉还在朦胧中摸索的小伙子有得见曙光、耳目一新的感受。记得当时还拿了自己第一篇发表的论文去求见请益；我一直铭记在心的是，他当时教诲我的下面几句话：“以你目下的程度能写出这篇论文，很好；但是作为一个数学家的志趣是要使得数学因为你的工作而有所进展。”

服了一年半预官兵役后，1961年夏去普林斯顿大学读研究生院的途中，特地途经湾区去拜见陈先生。陈家位于小山之上，面对金门桥、太平洋，视野广阔、风景优美的客厅是陈先生和我在加大共事三十多年经常促膝长谈之处，几何学、数学、中国，谈天说地几乎无所不谈，但是如今记忆深刻如同昨日的则是那次初访陈家的情景和所谈及的课题：

大致上当时陈先生正在致力于三维球面中极小闭曲面的研究，在当年所知的实例仅仅只有两个，即赤道球面和称之谓Clifford－环面者。陈先生说他花了不少功夫去试证上述两者是“唯二”之可能，但是屡试不成。记得当时陈先生侃侃而谈，而我则限于所知浅薄，只能唯唯细听，但是对于陈先生言谈中所展现的为学精神、思路与想法，深受感染启发，当时只是茫茫然铭记在心。而往后，我对于球空间中极小闭子流形的兴趣与工作，可以说乃是直接萌芽于斯。

如今回想起来，在陈先生和我四十多年的相知和交谈之中，可以说是由话家常到谈国事，由讨论系务到数学研究，无所不谈；但是“数学”和“祖国的数学教育”则始终是我们的共同志趣和谈论之重心。而促成中国及早成为“数学大国”则可以说是我们期之盼之的共同景愿。记得有一次和陈先生在校园中一起喝咖啡，正好前些日在中文报刊上大幅报导中国首次参加亚运会（在印度举办），即能在奖牌总数上取得压倒性的成绩。那天他以兴奋激情的口吻说：“武义，咱们中国人还行！首次参加亚运会就能在奖牌总数上遥遥领先。”我当时接了几句：“陈先生，这是全国性集训的成果；中国有无比庞大的人口，若能选拔其中良材美质，妥加集训，则此事可成；其实，数学也可以集训。”长话短说，这也就是1984年在北大试办全国性“研究生暑期教学中心”之首届的源起。以近年来常常在国内外遇到好多位自称为“黄埔一期”的中年数学家，津津乐道地谈及他们当年在北大短短八星期的集训对于他们学业的影响，看来“妥加集训”在数学也不失为一种可行之途径。

为了及早实现中国成为数学大国的景愿，陈先生是一直在想方设法，努力不懈的。例如他多次筹办以微分几何和微分方程为主题的“双微会议”；在南开创建数学研究所，尽心尽力，鞠躬尽瘁。在他晚年和我的多次长谈中，偶尔还会感触到他有些力不从心的感叹。例如在国内建立培训一流研究生的健全机制，乃是他觉得必须及早达成而目下却尚亟待努力者。

数学，特别是几何学，自然是陈先生和我常谈的热衷话题，每每对于某些彼此都极感兴趣的几何问题交换意见、看法和想法。

由于空间的结构既丰富多样，又匀称完美，所以研讨空间本质的几何学兼具既直观又精微的特性，因此自然而然地蕴含着许多叙述十分简洁而内涵既深且难的几何问题。记得陈先生为了要在1970年（Nice）的国际数学家大会上作微分几何的专题报告，他决定以“Differential Geometry, its past and its future”为题，以讨论几何问题为主体，为此我们曾作多次讨论。首先，他认为问题在精不在多，最后他只精选了十个问题，请参看[Ch]。

今天在此，我想再略述这么多年和陈先生讨论的诸多几何问题之中，几个他特别看重热衷的例子，作为纪念他的几何人生的注记，期望这些问题能够在世代相承的文明长河中启迪后进，把几何学向前推进，和陈先生的几何人生相互映照。

问题一：在可微流形$S^2 \times S^2$之上，是否能有一个其截面曲率（sectional curvatures）到处恒正的黎曼结构？

这其实是H. Hopf首先提出来的问题，在上述精选的十个问题中位居首要。H. Hopf是陈先生极为敬佩的前辈，以善于提出精简扼要的基本问题著称于世，当年陈先生在选题和排列时，认定此题理所当然应居首位。

[注]：$S^2 \times S^2$之上，具有一个完全对称的黎曼结构，它是二阶对称空间之中最为低维简朴者，一个二阶紧型对称空间的所有截面曲率之中，业已几乎到处恒正，仅仅在其中所含的二阶环面的切方向取零值。由此可见，上述H. Hopf问题一方面还可以推广到其他二阶紧型对称空间的流形如$S^n \times S^n$和G_2（李群）等等；而问题的要点，则在于不要求对称的情形，是否能够做到截面曲率到处恒正，参看[Ch]。

问题二：Spherical Bernstein 问题及其推广：

z = f (x, y) 所定义者是一个极小曲面的充要条件是 f (x, y) 满足一个叫做“极小方程”的二阶偏微分方程。S. Bernstein 在 1915 年证明：这个方程的“全局解”（亦即 f (x, y) 对于全 (x, y) – 平面皆定义者）必然是一个线性函数（亦即z = f (x, y) 是一个平面这种平凡解）。

这个美妙的唯一性定理自然地激发着数学家们去研究它的高维推广，这也就是著名的Bernstein 问题。它在极小子流形，高维变分学和几何测度论的发展上扮演着引路者的角色，此事一直到 J. Simon [S] 成功地把上述 Bernstein 唯一性定理一直推进到七维，而接着 Bombieri，DeGiorgi，Giusti [B-D-G] 又成功地构造出八维的非线性全局解而告一段落。当时，陈先生随即请Bombieri来加大（Berkeley）对于这个Bernstein Problem的Grand Finale作学术报告。而陈先生在[Ch]中所提的Spherical Bernstein 问题，也就是他那天听完讲演后所自然涌现者也。

[注]：由高维变分学的几何测度论可知，在一般的变分问题中，奇点（singularity）的出现是不可避免者。其实，对于某种变分问题的研讨，其要点和难点往往可以归结到可能出现的奇点的控制与理解。例如一个孤立奇点（isolated singularity）的局部化几何，实乃重心之所在；其中心课题就是单位球面，$S^n(1)$，之中极小闭子流形的存在性和唯一性问题，它可以想成是 Spherical Bernstein 问题的自然推广，请参看 [I Is]。

问题三：Weingarten闭曲面的存在性和唯一性问题

微分几何学起源于曲面论，Darboux（1896年）所著的四大册曲面论则是这方面的经典巨著，当然也是陈先生和 H. Hopf等前辈年轻时所熟读深知者。及至近代，曲面论的研究重点由局部几何推进到全局几何，主要是闭曲面的全局性几何（global geometry of closed surfaces）。例如H. Hopf [Ho] 和A.D. Alexandrov [A] 各别证明的球性（Spherical）和嵌入（imbedded）肥皂泡（soap bubbles）的唯一性定理，乃是这方面的杰出成果。

记得有好几次问陈先生，他觉得曲面的全局性几何上，最有意义的问题何在？他总是竖着大拇指说，首推Weingarten闭曲面的研究，而且还说当年曾和H. Hopf讨论此事，他们都有此同感。

[注]：(1) 一个曲面在其每一给定点的两个主曲率（principal curvatures）是主要的局部几何量，对于一般的曲面，它的两个主曲率分别是其上的两个函数无关（functionally independent）的二元函数，而两者函数相关的特殊曲面则称之谓Weingarten曲面，这种曲面的局部性几何，请参看Darboux的曲面论 [D] 的第四册。

(2) H. Hopf 1956年在史丹福大学的讲稿 [Ho]，其后半的重点就是讨论上述问题，陈先生很推崇这本讲义，而且对于H. Hopf本人，一直没有把它刊印成书，感到可惜。因此，在Springer-Verlag的Lecture Notes Series的排号将近第一千之际，陈先生特别建议把此稿刊印为其第一千号Lecture Note，并为之写序。

(3) 肥皂泡，亦即常均曲率的闭曲面之简称，乃是Weingarten闭曲面的重要特例。近年来在这方面的实例构造（亦即存在性）上，有可喜的进展（参看[W]，[K]，[P-S]）。我觉得这只是上述问题所展现的冰山一角；特别是在唯一性的理解上，亟待有所突破。

几何、数学、祖国、数学大国的景愿和好些引人入胜的几何问题，点点滴滴都和陈先生的几何人生交织着，教我们如何不想他！

且让我们踏着他的脚印，继续迈进吧。

（作者为美国加州大学伯克利校区教授）

参考文献

[A] A.D. Alexandrov, A characteristic property of spheres, *Ann. Mat. Pura Appl.*, (4) 58(1962), 303–315.

[B-D-G] E. Bombieri, E. DeGiorgi and E. Giusti, Minimal cones and Bernstein problem, *Invent. Math*. 7(1969), 243–268.

[Ch] S.S. Chern, Differential geometry, its past and its future, Actes, *Cong. Intern. Math*. (1970) Tome 1, 41–53.

[Da] G. Darboux, Leçons sur la théorie générale des surfaces, Paris, Gauthier-Villars (1896).

[Ho] H. Hopf, Differential geometry in the large (1956, Stanford University), *Lecture Notes in Math*, 1000, Springer (1983).

[Hs] W.Y. Hsiang, Minimal cones and the spherical Bernstein problem, *I. Annals of Math*. 118 (1983), 61–73.

[Ka] N. Kapouleas, Constant mean curvature surfaces in Euclidean three-space, Bull. *AMS* 17 (1987), 318–320.

[P-S] U. Pinkall and I. Sterling, On the classification of constant mean curvature tori, *Annals of Math*. 130 (1989), 407–451.

[Si] J. Simons, Minimal varieties in Riemannian manifolds, *Annals of Math*. 88 (1968), 62–105.

[W] H.C. Wente, Counterexample to a conjecture of H. Hopf. *Pacific J. of Math*. 121 (1986), 193–243.

何期执手成长别

——怀念陈省身先生

范曾

赤橙黄绿、宫商角徵、芳草奇卉、甜蔗苦莲，那有色、有声、有香、有味的事物，斑驳错杂、陆离纷陈于前；宇宙洪荒、龙光牛斗、沧海广漠、崇山峻岭，那至大、至高、至奇、至妙的景象，穷方竟隅，并生遍列于后。迅雷激电、飘风骤雨、兔起鹘落，那是速度的光荣；晨晖夕阴、朝花夕拾、青丝白发，那是时间的慨叹。这一切，佛家说都是“空”，一切的描述都是皮相之判。然而这皮相的背后，有人偶开只眼，看到了“数”，他们之中的大智大慧者称为数学家。

景星祥云，移驻南开，这一天是伟大的几何学家陈省身先生执教五十年的庆典。一时间，欧西、亚太、国中群贤毕至。他们其

中有法国高等研究院院长博规农（Bourguignon），英国皇家学会会长阿蒂雅（Atiyah），中科院数学所所长杨乐，数学家严志达、胡国定、吴文俊等等。这都是用方程和数字构建不可思议大厦的俊彦。陈省身先生端坐主席台正中，显得有些兴奋。这其间有一位对数学完全是门外汉的范曾——我奉陪末座，也十分自在地厕身主席台上。这不伦的地位，不是出于虚荣，而仅是由于陈省身先生的坚请。开会伊始，免不了冗长而多余的祝词、介绍等等。我有足够的时间探讨深奥的数学问题。右侧是南开大学原副校长，数学家胡国定，我问他“什么是纤维丛？”胡国定说：“数学隔行如隔山，我无法很快捷而准确地回答你这问题。”我在南通中学时代的低一年级的校友杨乐，坐在我的左侧，我们知道，在六十年代初他和张广厚因解一个什么了不起的数学问题，曾一跃而为国中光耀的数学新星。我转过头来问他：“什么是纤维丛？”杨乐寡于言谈，不无嘲讽地笑着说：“给你讲你也听不懂。”彼时大失所望的我对数学的神秘崇拜之心多于被奚落的寂寞之感。同时，因为都相互熟稔，三人相顾而嘻。不熟悉英文的我，听到主持的人念到FAN ZENG时，正傻坐着，微笑着，杨乐说：“你讲话。”当掌声和目光都朝着我的时候，我才走向了话筒，开始了胡言乱语。我第一句开头劈脸询问：“今天会场上谁的数学最好是不用说了，但你们知道今天这大会上谁的数学最差？”全场哄堂大笑，因为台下座的是全国各地的数学家、教授、博士生，最低的是数学系本科生。“从大笑中，我知道了你们答案，当然很惭愧，是我。然而我要问你们，什么是数学？”这咄咄追问使会场顿时大为活跃，我不免回过头来看陈省身一眼，他正为我刚才的话笑声未止，瞠着他的一双大眼，揣度我又会出什么厥肆之词：“数学，无色、无声、无香、无味，看不见摸不着，但它无所不在、无远弗届、无所不包，没有‘数’的奇绝的构成，天地不是道家的混沌，便干脆是佛学的一片空白。”雷鸣似的掌声掩盖了我数学知识的浅陋。陈省身先生笑得前仰后合。这还不过瘾，我又问：“陈省身先生到底伟大在什么地方，我为讲演计，问过了胡国定先生，他作如此说，我又问过了杨乐先生，他作如彼说，总之一句话，不懂别问。啊！我举头望明月，我不懂你，但我可以仰望你，我不懂陈省身，但我可以仰望大师。”又是一阵激雨般的掌声，只见陈省身捂着脸哈哈大乐，主席台上各国的数学家都侧着身，向他鼓掌。我想古罗马的西塞罗，或许曾经享受过类似的听讲者的热烈回报和感应。于是我奉呈一首七律“纤维胡老说奇丛，便使神思入太空。造化沉浮多幻变，天衣散合总趋同。千秋大智穷抽象，一代学人沐惠风。此世门墙无我地，宁园小坐说云峰。”又送上一幅祖冲之的画像，我冲着陈省身说：“他不懂几何，他没有你伟大。”对我的演讲有一位持异议的人来到身边，那是极负盛名的大数学家严志达，他是我南通的老乡，他说：“陈省身先生和祖冲之一样伟大，他们之间有一千五百年的遥远阻隔。”科学家的严谨和诗人的豪兴大体区别于此。但我告诉严志达，外行话亦若童言之无忌，不能算数。严公颔首。然后又和我谈竹林七贤，他是数学家中对国学最有兴趣的人，这一点，他和陈省身时有龃龉，颇似文人之较劲。

我与陈省身先生的相识应感谢杨振宁先生，没有杨先生的介绍，也许人间没有陈、范的一段因缘。而杨先生的与我相识，

则应感谢国务院教委的介绍，杨先生问教委外事处的人，有一位年轻的画家范曾，我喜欢他的画，教委托我作一幅画送杨先生，当时我很觉得荣幸。画毕之后，杨先生竟然亲自到崇文门我的寓所来看望我。杨先生的坦率、真诚、博大、睿智感动了我，第一次相逢，便预伏着永结同好的君子情怀。我拿出了一张大纸请杨先生写几个字留念，他说他不习惯用毛笔，于是拿了一支钢笔，他想了一小会，写了下列的话：“我很爱范曾先生的画，杨振宁”，字写得很小很小，而且笔划严谨不苟，于此我想起每逢展览会在签名簿上恣情放大姓名的人，不免用力过猛。文字语言的简洁，透出了杨振宁先生洗尽铅华的大朴无华。因为他研究的宇宙本质，在《老子》书中叫作朴。我又想起在数学上的“拓朴学”三字，那是奇美的名词，这名词是陈省身先生所起。陈省身先生一般对人客气，但“谦虚”，他似乎觉得多此一举，因为应谦虚的地方，他早就做到了，譬如他说，从小不用功，功课不好，觉得数学好玩，在脑中驱之不去，以至上早操的时候，全校同学都作上肢运动时，他会出人不意地、刺眼地高举起一只脚。据陈先生告诉我，在体操场上很容易找到他，那出格的必无第二人。还需要如何才是谦虚！当杨振宁在电视上讲到杨氏理论时，他说这理论可以管到下世纪、甚至更远时，我只觉得神圣之自尊乃是任何伟大的人物不可或缺的高尚品德。有一年元旦，陈先生收到两张贺年片，地址一模一样，是巴黎雪夫汉街十一号，一封是法国数学所前所长伯冉（Berger）的，一封是我的，陈省身大为惊讶，原来我与伯冉（Berger）住在同一座古典大楼之中，我在A门、他在B门，于是又有了我与伯冉（Berger）的一段因缘。伯冉

（Berger）先生十分真诚地告诉我，“陈省身先生是大数学家，而我只是小数学家”，他还告诉我曾有一位日本的书法家写了一幅“天下第一”的中文牌匾送他，他不知其意，挂在客厅，后来有中国人来作客，告诉他意思，伯冉（Berger）大笑取下，说，所幸来的人都不识汉字。回国后，我告诉陈省身先生这件事，陈先生说：“他太谦虚，很杰出的数学家，至于大、小嘛，嗯，大体如此吧。”对于一位位居数学峰巅的人，他有着孔子“当仁不让”的担当精神。他决无丝毫的轻忽其他数学家之意，而数学上的〈或〉这样的符号，就不是在月旦之评中可上下其手的事，那是依象而言，那是真实的存在。在我的记忆之中，陈省身先生一般亲切的称谓是直呼其名，如葛墨林、陈洪，更亲切的称呼是不用姓，这样的人几乎我只听到过一个人，那就是杨振宁，他呼之为“振宁”，所有的人无一例外的都在背后称陈省身为“陈先生”，包括杨振宁先生在内都如此地尊重他。从电话中的“范曾先生”、到“范曾兄”到“范曾”绝对经历了二十年之久，其间的亲疏尺度，也有“数”。

我与陈省身先生的初次见面那是在1986年他回国的日子里。杨振宁先生与他同时在南开，陈先生当时并无意回国定居，先生步履健顽，神采奕奕，一双大眼形状与毕加索相似，但其中所储藏则大异其类，毕加索狡黠、凶狠、偏激、自私，而陈省身则慧智、谐谑、宽大、威严，可能所有的人第一次见他之前都诚惶诚恐，宛如他的女婿朱经武先生先把微积分仔细地复习一下。而我则不然，看还看不懂，遑论复习？于是那初生牛犊不畏虎的精神是不缺乏的，加上两个人都爱开玩笑，亦若朱先生谓之“臭味相

投”，中国文雅的说法为“葭莩相投”。比第一次见杨振宁似乎更多了相逢恨晚的境界。陈省身先生的相貌，按我对骨相的判断：异相也。除眼大有异采外，耳奇大一长、厚、阔、深四美具，挺拔、垂珠（耳垂如明珠）二难并，这样的杰出耳朵虽千万人无一焉。某人耳则大矣，然软巴巴地，宛似上帝以馀料随意捏就，那街边之卖花生仁的老者耳正不小，气则庸凡。陈先生有垂胆之鼻，可见气息宏大、吐纳不凡，而先生之声有如钟磬一般宏亮清彻，远闻之如深山古寺的梵音法鼓。即使隔八间屋子，那频高速缓的声音都会慢慢传来，那他平生用得最多的一词“好极了”，任何人一听即为之雀跃，至于他称赞的“好极了”的对象则有考证之必要。譬如每年他生日，每次人们都会送涂着彩釉的陶质寿星老给他，以此聚积日多，排列于他的客厅橱上，俗不可耐。相信送来的时候，他一定说“好极了”，这三个字表示了大地般的宽容，你看恢恢地轮上面生长着大木巨柯，也生长着野草闲花，我们难道不觉得冥冥之中大地正在赞赏它们——“好极了”。

我决心将陈省身先生放置于他为南开所建的宁园里这些粗俗的寿礼一扫而空，拿了奇石、东周青铜鼎、雕刻、仿清的硬木高几换下了那“好极了”的一切，然则扔了于送礼者不恭，于是我设“陈省身奖”，将寿星老作为奖品送给一次家宴中的所有客人：陈洪、葛墨林、张伟平、叶嘉莹，还有几位不熟知的数学家。不过有一绝对奇妙的想法来自我的倡议，让陈省身先生在像底唯一的一小块陶质犹露的地方签名，这一倡议使所有的人大为兴奋。到了为我签的时候才发现像底也上了釉，毛笔字上不去，我却奇想突发，这一位寿星老唯一的陶质却在头部，于是我请陈先生在那脑瓜上签字，先生大乐，欣然应命，这人间独一无二的陈省身先生的签名寿翁，至今立在我的书房，它变得那么高雅，那么珍贵。不约而同的是，陈先生仙逝之后我偶去叶嘉莹先生处，她几乎放在同样重要的位置。物因人贵，人们不能忘记那一晚高人雅士的欢乐聚会。

日与先生熟稔，对数学问题的探讨也渐插垂天之翅，游于无极之门，而我的疑问也越来越多，这印证了“十个智者回答不完一个愚者的问题”的欧谚。而对在数学上配称“愚者”的画家我，陈省身先生绝对做到诲人不倦、有教无类。

我问：“人们大概不会知道你在想什么”？

陈省身：“那我就可以胡说八道。”

我问：“那你比别人为什么高？”

陈省身：“我做得简捷、漂亮。”

我问：“齐白石画到九十岁还有新意，您呢？”

陈省身：“类我类我，我也有新的发现。”

我问：“人们对大师之产生各有所说，你做何解？”

陈省身：“一半机遇，一半天赋？”

我问：“努力其无用乎？”

陈省身略停数秒钟，然后出人意外地回答：“每一个人都在努力，与成为大师是关系不大的，成功和成为大师是两回事。”这真是妙语惊人，而且越想越使人钦服，非大师不可作如是说。与此相应的问题，见于一次某记者对陈省身的采访。

记者：“大师是怎么出现的？”

陈省身：“唔——大师，大师——唔，”先生支支吾吾不知怎样才能使这位十个智者也回答不完问题的提问者满意。

“冒出来的”。在旁听得不耐烦的我真是冒出了一句妙语。

陈省身先生大为赞赏：“对，范曾说得‘好极了’，冒出来的！冒出来的！”

那记者的眼中露出了不解、茫然，先生习惯性的举起他的左手，作中止提问的示意。

古往今来，大师绝对是少数人、极少数人，既不可限以年月，树以指标，给以条件，他们不知何年、何月、何地、何因，霍然而起，伟然而生，卓然而立，那是无法解释的。以我之体会，大师必具条件有三：智、慧、灵。智，不光是好学可得，这并不有悖《中庸》“好学近乎智”的结论，好学者，只是“近乎”，而达到峰巅的“近”，宛若奥林匹克运动会短跑冠军刘易斯的成绩，恐怕得等一个世纪的努力才能打破。以此知这“近乎”不是“等于”。而慧，则是来源于先天之根性，佛学所谓“慧根”者也，生物学所谓DNA者也，那就是只属慧能而不属神秀的质的分际了。有智矣，有慧矣，而无灵，亦不足为大师，灵者，似有似无的感悟也，忽焉近在睫前，忽焉远在天边；灵者，如梦幻、如泡影，视之不见，听之不闻，搏之不得；灵者，迅捷而来，迅捷而去，绝对留不下一丝痕迹。而灵，绝对是古往今来一切大师不可或缺的光照，它是物质的存在？还是精神的本体？不去详为探讨了吧！灵，在阿基米德浴室的澡盆，在弗莱明贮葡萄球菌的平皿，在贝多芬的音符，在帕格尼尼的琴弦，在陈省身的公式，当然也在某些人的画笔。

灵，如晨曦清露、中夜细霰，远望之有，谛视之无。它浸润着慧智之域，带给人们天心月圆、花开满枝的胜景。

陈先生为天津的少年们曾题“数学好玩”，这句话如出自平常人之口，那是索然无味的。而出自陈省身先生之口，那就包含了他的无限深情和他投身其中七十年的漫漫求索。“吾令羲和弭节兮，望崦嵫而勿迫”，在他九十三岁高龄之后，他每天早晨四时起床，要解一个什么世界难题。而且他对下一世纪的数学家们提出新的难题，为此他作了一场令人感佩的讲演，他的思维如静影澄壁，清晰而透彻，闪烁着青年人一般的好奇心和创造欲，在人类的历史上，还不曾有第二位数学家像陈省身先生一样，表现出岁老弥坚的弘毅精神和不屈意志。然而这是苦役般的劳动吗？非也！——“很好玩”。什么是天才？尼采有云：“若狂也、若忘也、若游戏之状态也、若万物之源也、若自转之轮也、若第一之推动也、若神圣之自尊也。”我在“王国维和他的审美裁判”一文中曾引用之，这七点今正可验于陈省身先生之生命。“狂者进取，狷者有所不为”（孔子语），陈省身已为人瑞，犹作登数学奇峰之旅，非“狂者进取”而何？“狷者有所不为”，对世上异端怪说，疾恶如仇，有学生杨君持种种特异功能之书，呈于先生面前，先生大怒，推扔满地，下逐客之令，狷介之性时有令人骇异者。对人类文明发展中的垃圾，绝对横扫，毫无商量。我告诉他：“您做得对。”陈先生说：“你认为这样是可以的？”我说“当然！”陈先生谈话，有时滔滔不绝，有时要言不繁，全看其性质而定。最简捷的时候，往往是十分严重的问题，斩钉截铁，不假任何题外的修饰。有一次我邀陈省身先生和杨振宁先生于东艺楼我的画室小坐，谈得正高兴，走来几位物理学的博士生，滔滔不绝地向杨振宁先生问物理疑难，我听不懂，但从他们的表情

和动作上判断出他们的语无伦次。从杨先生不太屑于回答的神态上，看出大师的忍耐力。正好坐在旁边的轮椅上的陈省身先生大不耐烦，举起左手，“别问了，你们成不了爱因斯坦”。可见我的判断不错。后来我问陈先生发脾气的原因，他说其中一人既愚蠢而又狂傲，“这样不可以，振宁不会愿意回答这些问题的”。还有一次在叶嘉莹先生的八十大庆上，有一位老而不重的先生于讲坛上訾謷无状，信口雌黄，直呼陈省身、杨振宁先生之名而有并驾齐驱、共赴绝域之概。陈省身先生高举左手作狮子吼：“打住！我们老年人就是要少说话！”以上是我见到的陈翁三怒，这三怒非“神圣之自尊”而何？而尼采论天才的中间五点，亦皆陈先生穷奥溯源时的状态，这不只是陈省身先生所专属，古往今来之有大创造者，概莫能外的都有着这种天才的赤子之心、赤子之情、赤子之态。

记得陈省身先生七十五岁生日那天，陈先生彼时步履稳健，独邀我与叶嘉莹先生作一次小庆，听叶先生谈诗，当然是人生之至乐，我和陈省身先生都为之击节。我说：“今日不可无诗，陈先生您先来。”陈省身先生不假思索。一句诗脱口而出：“百年已过四之三。”我说：“妙！妙！数学家片刻不忘数学，此其验矣。”叶嘉莹先生以诗评的口气说：“的确好，宋人有‘问向前犹有几多春，——三之一’。自有词以来，我以为用分数而入词者，可谓千年一遇，而又出于陈先生之口，简直妙得很。”于是我倡议每人作一首诗，第一句必用“百年已过四之三”以为庆贺，第二天交稿，因为陈先生点的珍馐尚未动箸，所以不作即席之吟，第二天写出后，叶先生对陈省身的诗一字不改，对我出韵的毛病提出了意见。后来这三首诗发表在天津日报，这是极有趣的人生诗篇。

佛家有云："以逆境为园林。"人生道路不会一马平川，不踬于山者踬于丘，不踬于丘者踬于石。重要的是自己如何对待坎坷，人们如何看待你的坎坷。我当然不例外地遇到了这样的逆境，同时我却能如此生活于逆境之快乐中，陈省身先生和杨振宁先生显然是伸出了援手、带给我无上快乐的两位科学大师。于是有了一场史所未见的"陈省身范曾教授谈美"的讲座，由物理学家葛墨林兄主持，这场讲座有着一个大的背景：

先是，有一位物理学家谈到科学和艺术是一个硬币的两面。且不谈这比喻的不伦，而其所举之例证，实在有悖科学之精神。杜甫有"细推物理"便是第一个提出了物理学之名词；屈赋有"南北顺椭"字，屈原便发现了地球是椭圆形，"天问"成了世界上最早的天文学著作；渐江运用了数学，创对称之山水等等诡言谲说不一而足。而画家们一夜间都深刻了起来，画出了一批十分费解的作品，而每张作品的背后都有着科学伟力的支撑。我断定是这位科学家使一向持重的恩师李可染先生勉为其难地画了生平一张最荒诞的题为"弦"的画，那是一根混乱而驳杂的粗细不匀的线，纠缠着。据说这"弦"已超过了多维空间、而和深奥的数学玄想连袂。陈省身先生请我去宁园看一本这位科学家的著述，他说这种科学与艺术的结合显得荒诞，他简捷地一语破的："屈原大概不会知道地球是椭圆的。"他告诉我，一会儿有两位天津科技馆的人来，你替我接待一下吧。果然有二位来了，显得有些深刻。我说，这位著书的科学家大概是出于科学上的寂寞，折腾出

这样的学说，牵强、荒诞而无聊，我和陈省身先生都不会支持你们所想举办的展览。然而奇怪的是展览会上偏偏展览了杨振宁的油画像和陈省身的雕像，意思是他们支持这荒唐的游戏。这样的欺世手段，也许为的是蒙蔽群众，也许根本上别有机心。我以为由真正懂得科学和艺术是两片水域的人来谈美，是一件十分有意味的事了。于是“陈省身范曾教授谈美”在南开园里拉开帷幕。陈省身先生站在数学家的立场开始了他有趣而深入浅出的论述，他谈到数字是那么的美妙，不可言说。一个神妙的故事以为滔滔讲说的开端：18世纪，在德国的一所学校，数学老师叫学生们回答1+2+3+4……一直加到100等于多少，少顷，一位年甫弱冠的少年站起来说：“5050”，这就是后来微分几何的奠基人高斯。接着我似乎听出“数”竟有“无理”、“有理”之别，有延伸于一轴自东而西的有理数与无理数，还有驻足于一个平面上的复数。有永远纠缠着你的开方不尽的数，譬如2，还有-1开方之后生出一个符号i，这就是虚数。接着陈省身先生谈几何，妙趣横生。理科学生们的兴高采烈和笑声，使我知道先生讲得精采，也跟着不甚了了地傻笑。他说：数学是一个至美的境域，数是一个奇妙的精灵。演讲既毕，有一个好问的学生站起来问：“你相信上帝的存在吗？”陈省身先生说：“这也是我想向你提的问题。”在暴风雨般的掌声中，陈省身先生退出了会场。接着我在朗诵了一段我的长诗：《庄子显灵记》中《智者——爱因斯坦》之后，谈到陈省身在普林斯顿大学与爱因斯坦的友情，告诉同学们今天这样的科学家已硕果仅存，只有陈省身先生和爱因斯坦的邻居能如此了解爱因斯坦。我的讲演着重谈科学和艺术是两片水域，科学重理性而艺术重感悟，同时对甚嚣尘上的科学与艺术的“一币两面说”渐有披靡国中之势抱着忧虑之心，我以为这正是打着科学的旗号，为后现代主义艺术张目和鸣锣开道。一个怪力乱神的艺术乱世将会来到人间，而当这样的魔鬼一旦从魔瓶之中窜出，那艺术的灾难便永远不可收拾，我们需要的是筑起水火不能入、虎豹不能侵的铁的长城。因为一种荒诞信念的侵蚀对民族精神的动摇，比火和剑具有更大的危害。和谐的追逐从古代的孔子、老庄到苏格拉底、毕达哥拉斯一直绵延至今。使我们生活于有序的地球和人间，而后现代的所有失序，都在危及着人类的平静，其中充满着斗争和矛盾、噩梦和呓语，甚至戕贼生命和残暴酷虐。后现代不是美妙的信仰，不是诗意的裁判，它带给人类官能的反感和心灵的损伤。呼喊和谐，回归古典主义，与大美不言的天地相往还、相对话，是陈省身先生和我谈美的宗旨。葛墨林兄作了精彩的总结，他要同学们记着这一天，这将是人生难再的幸福的回忆。

前文谈到的纤维丛，必有奇美在焉，了解纤维丛的机会终于来临。在一次研讨陈省身数学的成果的大会上，吴文俊先生用他的南方口音讲，那是陈先生从宇宙取下了“一小块块”如何如何，整个会议除听清这四字而外，其他的公式都与我无关。参之杨振宁先生赞陈省身先生的诗：“天衣本无缝，妙手剪掇成。”我想，宇宙的天衣无缝、自然本在那是陈省身先生理论的依据，也是他与宇宙对话的核心。这“妙手”应是冥冥中的目的，那是谁的手？是西方的上帝？还是中国的道、天、诸天？无法说，那妙手必凭籍陈省身先生这样的数学家解析而后再行剪掇，剪掇出“一小块块”，重新把他略无缝隙地送回天宇。

有着童稚之气且好谐谑的陈省身有一次告诉我："范曾，我有钱了，以后请客不用你出钱，全部我来付。"

"你从哪儿弄来的钱？弄来多少？"我挑战式地询问。

"一百万美金，绝对够我们吃饭之用。"陈省身先生告诉我，第一届的邵逸夫奖决定授予他。

"哈，一言为定，你的这笔奖金，我们必须吃完之后，才允许你离开人间，一年我们吃它一万元美金，你还得活上一百年。"我大为兴奋了。

陈省身说："一百九十三岁，嗯，可以的，一万元美金太奢侈，人民币吧。"态度有些认真。

"哈哈，那吃它八百年，你比上古传说中的活了八百岁的彭祖还高寿。"两人相与大笑。

数学家和哲学家有着不解的因缘，至高至尊的数学与哲学的邂逅，使两者相得益彰。从毕达哥拉斯到莱布尼兹都是大哲，同时他们更是伟大的数学家。大数学家的所向无敌的武器是逻辑，他们距逻辑越近则距具体的数字越远，那能心算10位数28次方的印度妇女，是卓越的算术家，而不是实际意义上的数学家。计算机，能在比数学家快一万倍的速度下计算数字，但它不是数学家。陈省身先生平生不会使用计算机，也没有一次有求于计算机，他的玄想用不着它。南开大学要从数学经费中拨款购置一个硕大无朋的计算机，先生颇为不满。有司前来询探先生的意见道："你是我们的旗帜，只须要你表一个态就可购买了。"先生说："好吧，那就在旗帜上写'陈省身不要计算机'。"不只对计算机不感兴趣，在日常生活中，陈先生也很少数字之计算，陈省身先生有一次在天津凯悦饭店请客，付款时，几百几十几元，他来回计算，最后的得数才和发票的仿佛。陈省身先生用实际行动教育了我们，不要以为数学家必须有前述印度妇女的本领。

有一天，陈省身先生与杨振宁来我家，用不少英语词汇在谈话，原来在商量这一百万美金的捐赠事宜，杨振宁先生提议的地方，陈先生都欣然同意。最后将一百万美金一元不剩地送光。我看到了两位伟大的科学家是如此平淡地对待这一百万美金，不仅平生所仅见，连我也不曾做到。所谓知识分子之“士节”，正在临财廉而取予义。大师风范，令人肃然起敬。以后所有的饭局，依旧在宁园的小餐厅进行，有时我从外边叫来淮扬系的“公馆菜”正合陈先生口味，可恨葛墨林竟吃不出好来，我和陈省身先生对葛墨林品菜水平的低劣，不免微词，陈省身先生准备请客八百年一事倒是忘得一干二净了。对于自己的寿数，陈省身先生怀着永年的信心，一百岁决非上限。

更大的喜事临门了，国际小行星联盟批准了北京天文台的呈报，对陈省身先生授予殊荣，以“陈省身”命名一颗天外的小行星。陈省身先生说：“有趣，很有趣的事。”似乎好玩之心胜于激动之情。因为在他的心目中，最关心的不是个人的荣辱，而是祖国的数学。他以为中国是可以成为数学大国的，为此，他竭尽精力，消磨了他生命的最后年月。

二〇〇四年夏，溽暑炎蒸，我内心有一种莫名的烦躁，有一件事十分紧迫地时时缠绕着心灵。这种感觉来得突兀，来得猝然，得快快动手，刻不容缓。我不相信神的启示，但很多事使我对冥不可知的天地抱着敬畏。这高天厚地究竟在发生着什么？它们之间那无形的业果，竟是那样不可思议。我立刻要画陈省身和杨振宁这幅大肖像画。这是陈省身先生二〇〇二年在一次偶然的谈话中提起的，当时我问是画肖像，还是画古人习用的行乐图格局，陈省身以为都可以，我答应了。此后，陈省身先生曾多次提醒我早动笔，也嘱葛墨林兄和裱画名师耿淑华催促，我总是告诉陈省身，叫他耐心等待。我相信真实的情感会使这幅画精美而生动，这是一幅世界科学巨人的对话，他们的友谊是科学史上的人文精神之典范：既有深邃博大、不可端倪的科学精神；又有温文尔雅、亲和诚信的东方风仪。

既开笔之后，我绝对是处于一种冷静的理智与奔突的热情交会状态。心往笔走，八龙蜿蜿，玉轪并驰。那时，天地精神奔来腕底，一笔一划，无非生机。当陈省身先生双眸既出，我就断定了此画的必然大成，那莹莹而欲动的眼神，包含了他阅尽人间繁华归于淡泊寡欲之境的崇高；包含了他探究宇宙奥秘、深入不测之域的睿智，当头部画毕，陈省身先生已跃然入目，如闻謦咳，如坐春风。一个半小时过去，由于激情，也由于天热，汗涔涔而透衣矣。

然后画杨振宁先生，这时最是艰难，由于我从不打铅笔底稿，下笔乾坤已定，非有峻极的本领不可如此从事。杨振宁的眼神必须落在两米远的地方，必须与陈省身先生的眼神相碰撞。这不是寻常的一瞥，是世纪科学峰巅的晤谈，目遇而神授，堪称传神杰作。在此，我无意伪为谦揖，我想，是两位伟大的人物给了我灵感，即前文之所谓“灵”。

大画既毕，先请葛墨林兄欣赏，他当时的惊讶和快乐难以言表，不停地说：“太妙了”，当晚他通知陈省身先生和杨振宁先生。第二天陈省身先生从天津赶到北京碧水庄园我的寓所，当轮椅推到这丈二匹的大画前时，先生大喜过望，几乎是高声地喊着说：“伟大！伟大！”接着玩笑地补充说：“我和振宁跟着这幅画不朽了！”我说：“你正说反了，我跟着描画的伟大人物不朽了。”我从来没有看到过他如此的兴奋，比起那天上的小行星，这幅画似乎更“有趣”，“很有趣”。

第三天杨振宁先生带着一个留美的物理学博士来看此画，杨振宁说：“陈省身先生画得太像了，我自己看自己，不如别人看我。”于是他问博士，“你看像不像我？”博士说：“太传神了，太像了。”杨先生的兴奋不亚于陈省身先生，当晚他传来了fax，激赏此画，尤其对画上题字“奇文共欣赏，疑义相与析”和诗：“纷繁造化赋玄黄，宇宙浑茫即大荒。递变时空皆有数，迁流物类总成场。天衣剪掇从无缝，太极平衡律是纲。巨擘从来诗作魄，真情妙悟铸文章”备极赞赏，以为虽英之大诗人蒲柏 (pope) 之作无以过。

然而，不幸的事从天而降，六合的大雾笼罩着，天地一片茫茫，真个茫茫！巨人因心脏病倒下了。飞机停航。我从济南乘火车直奔天津，直奔天津医学院总医院。先生正在昏迷之中。奇巧的事发生了，当我站到病床边的时候，先生霍然醒来，睁开着一双大眼，口中模糊地发出“范曾，范——曾——”的轻微声音，而且颤动着右手，似乎想抬起来握手，我紧紧地握着先生的手，他完全没有表情，一会儿又昏迷过去。他一生最后讲的两个字，就是“范曾，范——曾——”，这光辉生命最后的一抹馀霞我见过了，那是平静的。天色渐暗，先生的心脏测仪上，由微波而划为一根线，一根绝对无情的线。

我和葛墨林、张伟平默默地将先生送进了太平间，时值隆冬，像地窟一样的寒冷，人们相顾流着无言的泪，更无语言，何须语言，夫复何言!

陈省身先生的女婿，卓越的物理学家朱经武先生说："他是带着快乐走的，有三件事：小行星的命名，邵逸夫奖，还有他看到了您画的这幅画。"

从淌着血的心灵里流出了一首痛定思痛的诗："大雾茫茫掩九州，中天月色黯然收，何期执手成长别，不信遐龄有尽头。一夕宁园人去后，千秋寂境我悬愁，遥看亿万星辰转，能照荷塘旧日鸥。"

南开园的新开湖畔，深夜里一片烛光，上万的莘莘学子，举着闪动的蜡烛，向我心目中廿世纪最伟大的数学家告别。庄严肃穆，悄焉寂然，没有哭声，也没有抽泣。只有无法慰籍的哀思举起了崇高的无际光焰，象征着他智慧的光亮，这光亮曾照遍人类的几何学圣地。

告别大会隆重而悲哀，人们都记得杨振宁先生对陈省身先生的崇高评价，记得他诗中将欧几里得、高斯、黎曼、嘉当、陈省身列为人类几何学的五座丰碑。卓越的数学家邱成桐先生说："我们以毕生的精力，也做不到陈先生十分之一的工作。"我想，这不是谦虚之词。

人们在哀乐声中仰望长空，夜色已浓，那一颗闪烁的行星——陈省身已渐行渐远。

（作者为著名画家）

缅怀陈省身学长[1]

彭桓武

早在清华大学1933–34年间，物理系大学三年级的我便登门拜访数学系研究生二年级的陈省身，向他请教过外微分，得以初次相识。

至1947年底我从英国返回上海，他恰好在上海的中央研究院数学研究所，便邀我下榻该所。白天我去姐家，晚上因姐家孩子多，乃回数学所住。 连几个晚上得与陈省身聊天，各道日后打算。我讲：将去昆明教书。他说：还要到外国去。时中国政局多战，皆需考虑安全。

到六十年代，我偶而听三强说，陈省身认为三强与我选择的路是成功的。

[1] 编者注：收到彭先生的稿子不久，得知他于2007年2月28日病逝。在此表示深切哀悼。

他在北京办过几次双微会议，我也尽力参加学习。

我孤陋寡闻，直至2002年才知道陈省身落足南开母校，乃专程往访。见他于扬名国际数学界后，仍致力发展中国数学，启迪后学，颇为感动。他告诉我应注意Finsler space在物理上的应用，我也记住。他还邀我同访杭州，我因身体带病，不便应邀。

人年龄大了，谈吐不若青年人那样直快，但却更为深刻。2002年12月得陈省身贺圣诞卡，除大照片外附中英对照诗一首如下：

筹算吸引远离世，垂老还乡亦自欢。
回首当年旧游地，一生得失已惘然。
Math attracts me far from the world,
Motherland happily returned while old.
Looking back where we were,
Life remains puzzling to me!

2003年1月23日我寄去贺春节卡，及和诗如下：

I learn what I love to,
I do what I wish to.
Fates have treated me well,
Friends have helped me well
我学我爱，
我行我素。
幸运屡遇，
友辈多助。

这样结束了上海晚上的聊天，大家应都满意。

（作者为中科院理论物理研究所教授、中科院院士）

记陈省身教授二三事

何祚庥

陈省身教授是著名数学大师，而我是物理学里一位后学之辈；由于机缘凑巧，得以瞻仰这位学术大师的风采。

最早听到陈省身大名是由于吴文俊先生。1945年，我考入上海交通大学化学系，吴文俊先生却担任朱公瑾老师所教微积分一课的助教。闲谈之间，谈到数学界的两位著名人物。一位是在代数领域内有杰出贡献的华罗庚教授，另一位却是在几何领域内有杰出贡献的陈省身教授。华先生是有丰富经历的传奇性人物，而陈先生却是严谨、严肃的学者，因为曾子曰：“吾日三省吾身！”

真正听到陈省身教授“立身处世”的故事，是在1947年。1947年，由于误认中国的未来是“南北朝”，所以，乘着北大清

华招生之便，我转学到清华大学物理系。那时，正值国统区学生运动的高潮。从1945–1947年，我在上海交通大学曾先后参加过为“伪学生”正名运动，……护校运动，抢救教育危机运动，还有是“五·二〇”反饥饿、反内战的学生运动。五·二〇后，上海交大某些学生运动领袖或被捕、或开除学籍。有些参加学生运动同学，却面临一个毕业后找寻工作的问题。1947年，我转学到清华大学后不久，就听到一个有关胡国定同学的故事。

现在在南开大学数学系任教授的胡国定教授，其实是当时上海中共地下党在交通大学的学生工作的负责人之一，曾经多次动员和组织我们参加上海交大发生的学生运动。1947年，胡国定同学由交大毕业后，曾经向清华大学数学系申请当助教，已经经数学系系主任段学复先生同意，报当时的理学院院长叶企荪审批。正在“待批”之时，却接到来自上海交大周教授给叶企荪先生的一封信，信中称：“此生甚不安份！”于是，胡国定同学到清华任教一事，就此垮台！

乍一看，这不过是一件“求职不遂”的事情，“此处不留人，自有留人处”。但是，在解放以前，这一事情，却远非如此简单！

1986年，由于小谷教授的邀请，日本方面的学术基金的资助，我曾在大坂大学物理系任访问教授三个月。每天中午，和大坂大学的教授们共同在系里用餐（每人自带一饭盒）。用餐时，天南地北，无所不谈！某天，我们听到大坂大学操场里有同学集会，有大喇叭高声嚷叫的声音。我向邀请者小谷教授请教，为什么你们这里有大喇叭吼叫，他们是不是为某些人竞选议员？小谷教授回答说："不！他们不是竞选议员，而是在反竞选议员！"我有点奇怪。"你们现在正在竞选议员期间，是不是他们在反对某一位先生当选议员。"小谷教授回答说："不，不是！他们是反对所有人当选议员！再准确一点说，他们是反对议会竞选制度，号召所有人不参加竞选！"我这一来自"社会主义'国家的'人"，从未见过这类"活动"，马上对这一事情发生了"兴趣"。接着就问："这是什么人在抵制选举活动？不会是日本共产党吧？"小谷说："不！日共是参加选举的。他们号召所有人不参加投票，是抵制这一竞选。"我接着问："这是什么政治派别？"他迟疑了一下，"是毛主义者"。我笑了起来，"你放心，毛主义者和现在的共产党中国没有关系。不过，这是什么系的学生？"他说："很遗憾，这是我们物理系的学生。"我笑了起来，"在我们中国，也是物理系的学生，最关心国家大事！"他说："是的，物理系的学生，爱思考问题。不过，他们现在不打算念物理了，他们要从事他们的'革命'"。我说："'革命'，也就是反对现在的政府？"他说，"是的，不过他们将很难找到工作"。我问："为什么？"他回答说："我们日本有一个组织，专门负责调查居民们的政治情况，你在采用人以前，常常要咨询一下这些组织的意见，不过需要付一笔钱。简单地说，凡有特殊政治背景的居民，是不能充当国家公务员的！我们学校付不起这样一笔钱。我们通常是通过教授们之间的联络，来知道他们的表现的。譬如说，这些学生将不可能留在大坂大学，也很难在其它学校里找到任何位置！"

我吃了一惊。原来在号称“民主”国家里的政治动作中，也存在着这些鲜为我“知”的“猫腻”！我立刻联想到在早在1947年，现在是南开大学胡国定教授的遭遇！

据我所知，胡国定教授在“得悉”清华大学拒绝他的申请的原因后，（注：我不知胡国定教授是怎样得知这一情况的，很可能是来自他的同班同学，孙佶教授和陈宏毅教授，那时他们是助教，我之所以听到这一情况，其实是孙佶教授告诉我的），于是就找到陈省身教授帮忙。陈省身先生在了解了这些情况后，当即向在南开大学数学系工作的吴大任教授写了一封推荐信。推荐信说，胡国定是一位成绩优秀的学生，而且是一位爱国爱民参加进步活动的学生。由于陈省身教授的举荐，并由于吴大任教授是南开大学民主同盟的负责人，（注：1947年，“伪国大”尚未召开，民主同盟是当时的“合法”政党），胡国定教授就此在南开大学任职，并任中共地下党在南开大学的负责人，直到解放，……

为什么陈省身教授最后选定在新中国的南开大学数学所安家落户？一个重要原因是：陈省身教授不仅是国际一流的数学家，而且早在解放前就已经以各种形式支持了当时在国统区内蓬勃发展的进步运动，更具体地说，实际上是支持了中国共产党领导下的民主运动，而且是直接支持了当时还处在“地下”环境的南开大学里的中共地下党。

更重要的是，陈省身先生不与当时的反动政治合流，他一身正气，明辨是非！

陈省身先生归国后，曾多次在国内做学术报告，或介绍他的学术生涯的经历，我当然也是热心的听众之一。例如，他曾介绍他在年轻时期，曾经求解过一本名叫《*Hall and Night*大代数学》一书中的全部习题；所以在青年时期为从事数学研究，打下坚实的基础！对此，我就深有同感，因为这也是我们在青年求学时期，曾经做过的一件事。不过，此书里的习题太难了，我只解答了其中一部分，大部分难题，我却没有能做出来！所以，理所当然，我就不会向陈省身先生那样，向高深的数学尖端进军，只能去念化学，后来转向物理学！但是，陈省身先生所介绍的经验，值得一切有志于从事高深数学研究的青年学者们学习。我之所以愿意在这里重新谈到这件事，据我所知，现在已很少有年青数学工作者注意到"*Hall and Night*"这本书了！在市面上也买不到这本书了！

2003年，我应葛墨林教授安排我在南开大学做了一个"做人、做事、做学问"，长达2小时的报告。实际上是向年青学生介绍了"做学问"和"为国为民"之间的关系。连金庸小说还说"为国为民，侠之大者"，何况从事科学研究！其实，更重要的是，我讲的是我们这一代人追求"为国为民"的真理的经历；或者说，这是我和胡国定教授等人在那一时代所共同遭遇的经历。陈省身教授比我们年长，对旧中国的认识和理解，自然比我们深刻得多！也许是由于对时代的共鸣吧！陈省身教授坐着轮椅自始至终听完了我的报告，当晚，就在他的寓所请庆承瑞和我吃了一顿晚饭。当然，陈先生也谈起在旧中国时期的某些经历，当然也高度关注我和胡国定教授这些人在青年时代所遭遇到的某些共同的经历。

对陈省身先生在学术上的贡献，我们还是引用一下物理学前辈，杨振宁教授赠送给陈省身教授的一首诗：

“天衣岂无缝，匠心剪接成，
浑然归一体，广邃妙绝伦。
造化爱几何，四力纤维能。
千古寸心事，欧高黎嘉陈。”

物理学和几何学是相通的。陈省身教授所发明的纤维丛的几何，就巧妙地和杨振宁教授所发现的规范场论，有机地联系在一起。在物理学里，规范场论是描述玻色子的很基本的理论，有望将强相互作用、电磁相互作用，弱相互作用还有引力理论统一在规范场论的框架之中，而规范场论却又和纤维丛的几何有机地联系在一起。所以，杨振宁先生诗说：“造化爱几何，四力纤维能”。所以，陈省身教授在几何学方面的贡献，可以直追欧几里得，高斯、黎曼、嘉当等各位数学大师。对于数学、物理学的圈外人士来说，也许不甚了解这四位几何学大师和物理学的极为密切的联系。请允许我做一点评注。欧几里得、是欧几里得几何的创始人，欧几里得几何直接影响到牛顿力学的建立，牛顿力学所用到的时空，就是欧几里得时空。高斯研究的几何，是和连续介质时空特性相联系的几何，其特例之一，是和麦克斯韦的电磁方程式有极为密切的联系，学过电动力学的学者都知道一个高斯定理。黎曼所发明的黎曼几何就是爱因斯坦所发明的相对论所用到的时空了。至于嘉当所开拓的有关旋量的时空，就是狄拉克或一切费米子所用到的旋量的时空了。而陈省身教授建立的纤维丛几何，就是规范场论，亦即一切玻色子所满足的时空。所以说，陈省身教授的贡献，是自有几何学以来，第五位在几何学方面有杰出贡献的数学大师。

本来，“文章千古事，得失寸心知”。所以，这一“千古寸心事”，就由杨振宁教授概括成为，“欧高黎嘉陈”。

“欧高黎嘉陈”。这是杨振宁教授对陈省身教授的学术贡献的极为准确的评价。我深以为华人世界出现这样一位国际知名的大学者而引以为幸！尤其是，这样一位“为国为民，学之大者”的大学者，以他的学术生涯支持了新中国的建立和新中国的建设。

（作者为中科院理论物理研究所教授、中科院院士）

与省身大师共进早餐

杨福家

在我任复旦大学校长期间，曾与陈省身先生有过接触，但真正与省身先生面对面畅谈，是在他故世前一个多月。2004年10月20日我与夫人抵达南开大学，参加南开系列学校百年华诞暨南开大学建校85周年的活动，承葛墨林教授安排，我们于10月21日早晨在省身先生寓所共进早餐，碰巧杨振宁先生也在。墨林教授为我们四人照了一张绝版照（见附照）。省身先生见到我，即热情地说“福家，您来了，欢迎欢迎”。临走时，问我明天有没有空再来，结果我们一起连续两天共进早餐。两次早餐都一样简单，炒蛋、烧饼、油条、白粥加豆浆。住所是座老房子，不论饭厅、客厅或是书房，都很整洁，但一点也不豪华。从饮食到住房，都反

映了大师的简朴生活。就在我们相会的一个多月前，他亲赴香港捧得首届邵逸夫数学科学奖（有东方诺贝尔奖之称），奖金100万美金，以表彰他“开辟整体微分几何学的成就，以及他对这个数学范畴一直以来的领导”，但省身先生把奖金全部捐献给世界数学事业。在他心中，想的就是数学，中国的数学与世界的数学。

在共进早餐时，杨振宁先生谈起，他看了我的文章“对我国高教发展的困惑”，这篇文章虽未发表，但已在高校中传阅，并有一些中央领导同志在上面作过批示。（约一个月后，即2004年11月16日，发表于《中国青年报》）。于是，我们讨论了建一流大学的要素，讨论了大楼与大师的关系。省身先生对此十分关切，对我介绍的一些观点非常认同，要求我把有关文章寄给他，还要我寄本书给他的一位学生。其实，省身先生早就说过：“大楼内外的装饰是不需要的。因为一个国家的数学水平不是装饰出来的，朴实才是科学家的本色。”这正是对目前很多高校的豪华大楼及其豪华装饰的最好回答。

省身先生知道我已在南开作了一个学术报告，还要在当天下午作一个“中外教育比较”的报告，他说，他本想来参加，但遗憾已有安排，不能来。我向他介绍了当天下午要讲的一个观点：要建一流大学，单靠大楼和大师还不够，还要大爱，即要有一个育人环境。省身先生很赞成，在他讲话时，正在向我介绍他的工作室，就说，数学讨论班常在这里进行，这正是培育数学家需要的一种氛围。由此，我联想起，在1921年创建的丹麦哥本哈根大学理论物理研究所（1965年改名为玻尔研究所）里，最有名的是一间阶梯教室，有多少“风华正茂、思维敏捷”的年青人在

陈省身、杨福家夫妇、杨振宁

这间教室内举行的讨论会上受益，有多少诺贝尔奖得主从此诞生。“科学扎根于讨论”，正是量子力学创始人之一海森堡由此而从内心发出的名言。

从省身先生家里出来，墨林教授陪我们去参观范曾先生的画展，内有一巨幅画像，《陈省身和杨振宁》，两位大师正有说有笑地在讨论。据说，就是在十几天前，10月8日，两位大师一起参加了这一巨幅画像的揭幕式。这幅巨画正是“科学扎根于讨论”最生动的写照。

在我们相聚后的一周，10月28日，省身先生度过他93岁寿辰。再过一个月零五天，2004年12月3日，省身大师离我们远去，但他的容貌与对科学的追求，对青年人的关爱，将永留人间。

（作者为复旦大学教授、中科院院士）

一幅珍藏

——记陈省身先生手书七言诗一首

叶嘉莹

光阴过得真快，转眼间陈省身先生逝世就已经两年多了。记得2004年12月陈先生逝世后，我曾于12月7日在南开校方为陈先生举办的告别音乐会中朗诵过我所写的两首悼诗，继之又于12月12日到北仓参加了与先生遗体告别的仪式，并于当日下午在南开小礼堂参加了校方为先生举办的追思会，并做了简短的发言。其后于2005年元月底，又曾应《纪念陈省身先生文集》编者之邀，撰写了题为《数学家的诗情——谈陈省身先生与我的诗歌交往》一篇纪念文字。如今经过了两年多之久，哀悼之情虽然逐渐减少了，但追念之情则反而历久弥新。那是因为每一天我都会看到高悬在我书房墙壁中央的那一帧装裱得极为精美的镜框，镜框中所

镶嵌的就正是陈先生在逝世前的一个月，亲自用毛笔书写的一首为我祝寿的七言诗。

关于这一首诗，有一段使我极为感念的往事，那是在2004年的秋季。本来每年秋季当南开大学开学时，我都会从加拿大回到南开来，而陈先生则早已在南开定居多年，习惯上是我每次回来以后，都会给陈先生打一个电话问安，然后就会约定一个时间去看望他。那一年因为正值我80周岁，南开文学院准备在10月校庆期间为我召开一个祝寿的诗词研讨会。所以当我打电话给陈先生时，陈先生就告诉我说，要给我写一首祝寿的诗。祝寿研讨会订在10月21日召开，而杨振宁先生则在此前一日来到了南开，所以我们就在陈先生家里先聚会了一次。陈先生按照西方的习惯，生日贺礼总要在生日的当天才拿出来，给受者一个惊喜，所以那一天我并不曾见到先生的诗。直到第二天早晨，陈先生在研讨会开始前就乘坐着轮椅来到了会场。大会由侯自新校长主持开幕，陈先生是第一位发言人，当时就有会场工作人员抬上来一个精美的镜框，镜框中镶嵌的就正是陈先生亲自用毛笔写的那首祝寿诗。诗是这样写的：

> 锦瑟无端八十弦，一弦一柱思华年。归去来兮陶亮赋，西风帘卷清照词。千年锦绣萃一身，月旦传承识无伦。世事扰攘无宁日，人际关系汉学深。

陈先生虽是数学家，但如我在两年前所写的那篇《数学家的诗情》之所言，先生对于古典诗词实在有着极大的兴趣。我以前曾把自己编著的一些书送给陈先生，陈先生看过后，经常与我讨

陈省身先生手书七言诗

论。先生对于诗词不仅有浓厚的兴趣，还有着很敏锐的评赏能力。先生赠我的这首诗，如果就一般诗家的谨严之格律而言，自然是有些不尽合格律之处，但若撇开外表的格律而论诗歌之本质，则先生这首诗所表现的情意之真诚、事典之贴切，却决然是一首好诗。首先说，这首诗开端的两句，关系到先生与我的一次谈话。原来，陈先生曾与我谈起过李商隐的《锦瑟》诗。先生以为，后世读者对这首诗的解释众说纷纭，而其中把这首诗看做是李商隐之自序的说法似较为恰当。我以前本曾写过一篇论《锦瑟》诗的文稿，与先生之说正复相合。所以先生送我的这首诗，开端两句就用的是《锦瑟》开端的诗句，只不过做了一点小小的改变。李商隐原句是“锦瑟无端五十弦，一弦一柱思华年”，先生这首

诗因为是为祝贺我的80岁寿辰而写的，所以就把原诗的“五十弦”改成了“八十弦”。而原诗既被认为是自序之作，则“一弦一柱”当然就都象喻了诗人对于华年往事的点点滴滴的回忆。先生虽是引用了古人的诗句，但我以为先生的引用和改写，实在十分恰当。如果把年华喻作丝弦，则80岁的年龄自应是“八十弦”，我在自己80岁的生日回想起过去80年的往事，自然也有着“一弦一柱”的追忆。先生的诗，可以说正是道出了我当日的心情。至于后面的两句，“归去来兮陶亮赋，西风帘卷清照词”，也写得极为贴切。陶渊明的《归去来兮辞》，是当他决志归去时之所作，我猜想先生的这首诗可能有两层喻意：一层自然是说我回到祖国来教书的决志；另一层我不知先生是否也有冀望我像他一样回国来定居的喻意，这也是可能的。至于先生所用的李清照之事典，则自然是用李清照来喻指我是一个爱好诗词的女性，纵然我不能与李清照相比，但先生的喻指则是极为恰当的。再下面的“千年锦绣萃一身，月旦传承识无伦”，则是最使我感到惶愧的两句诗。从80年代我与陈先生夫妇相识以来，他们夫妇二人就都对我十分关爱，这一切我在以前所写的《数学家的诗情》一文中就已曾有所叙述，所以我在为先生所写的悼诗中，曾经写过“曾许论诗获眼青”的句子。当年陈先生夫妇不仅经常与我谈讲诗词，还往往两个人一起来听我讲课。每读这两句诗，我就会想起他们夫妇二人对我的谬赏和偏爱，这是使我最为感愧难忘的。这短短的两句诗，可以说是包括了先生对我平生所致力的诗词创作、论著与教学三方面的评价。“锦绣”句应该指的是我的创作，“月旦”二字应该是指我的论著，而“传承”二字，则应该是指我的教学。

在这三项中最使我惭愧的是创作。我少年时代虽曾有浓厚的创作兴趣，但其后遭遇忧患为生活工作所累，早已无暇顾及到诗的创作，所以这方面的成绩实在极为薄弱。至于就论著而言，我虽然也曾因工作教研的需要而写过不少文字，但这些文字只是写我个人学习诗词的一份心得而已，丝毫也未敢冀望在学术方面有什么成就。平心而论，在我一生所走过的途路中，我致力最多的乃是教学的工作。自1945年以至今日，62年来一直未曾间歇过，不仅时间甚久，而且教学的地域甚广，教学对象的年龄跨度也极大，从幼稚园、初高中、大学生、研究生直到博士后。不过在教学方面我虽然付出的精力最多，但却从来也不敢说在传承方面有什么成果，因为有些成果并不是只靠自己的努力就可以完成的。所以我说先生的这两句诗是使我最为惶愧的。不过就诗而言，则先生在短短的14个字内，竟然写尽了对我平生三方面的评说，其简练概括的能力实在令人赞佩。至于这首诗结尾的“世事扰攘无宁日，人际关系汉学深”二句，则所写的应该就正是我们以诗歌相交往的一份友谊。在此烦扰之人世中，能够与几个有传统文化修养的友人一起谈讲诗词，这自然是人际间一种难得的境界。总之，先生这首诗所表现的情谊之真诚，喻写之贴切，都是极为难得的。所以先生这一幅手写的诗稿，一直被我视为一份珍藏。而除去了这首诗本身是可宝贵的，另外还有两点增加了其可珍贵之处。第一点是在这一幅诗稿中，先生偶然留下了一个小小的笔误，那就是先生在署名后把2004年的日期写成了200年。而上款所题写的则是“嘉莹姊八十大庆斧正”。如果在200年我就已经是80岁了，那么到2004年我岂不是就已经将近两千岁了吗？这自然是一个偶

然的笔误，但正因为有此笔误，所以我才觉得这幅字之弥足珍贵。这也正像爱好集邮的人之特别珍视错体邮票一样，因为这是在世间独一无二的仅有。记得当时南开大学发表陈先生这首诗时，就已经改正为2004年了，而我所保存的这幅字，遂成了我所独有的一件珍藏。第二点则是就陈先生写作这首诗的时间而言，这一幅字应该已经是陈先生的绝笔了。因为在先生参加了我的祝寿研讨会后，不过一个多月就去世了，而这幅字遂成了最值得珍视的先生的一幅绝笔之作。

本来在研讨会以后，我曾经给先生打过一个电话，表达我的感谢之忱，先生在电话中曾对我说："你有空来坐一坐吧，我们再谈一谈。"我了解先生实在很想和我一起谈一谈他的这首诗，但那一阵子先生的活动颇为忙碌，而我则被北京师范大学和凤凰台世纪大讲堂邀去北京开会和讲课。我心想，等我从北京回来，先生的一些活动应该也忙完了，那时再去拜望先生也不迟。但就在12月1日我将离津赴京之际，忽然听文学院的友人告诉我说陈先生生病住进医院了。我当时虽感到不安，但想到不久前我在研讨会中见到先生时，先生还是精神奕奕，并在大会上做了精彩的发言，一定没有什么严重问题。我预想当我从北京回来时，先生定然也已经出院返回住所。我将会去拜望他，好好谈一谈他的这首诗作，并且告诉他我对这首诗是如何感动和喜爱。谁知就在12月3日的晚间，当我刚在世纪大讲堂讲完课时，就接到了天津的电话，说陈先生去世了。我当时真是极为震惊，所以第二天就赶回了天津。我为陈先生写了两首悼诗，并且参加了南开校方为陈先生所举办的一切追悼活动，但毕竟这一切都已是先生身后的事了，先生约我再见一面谈一谈诗的约言，永远也无法实践了。这件事对我而言，实在是平生极大的歉憾。现在既有人又邀我再写一篇悼念陈先生的文字，因此我遂趁此机会谈一谈陈先生的这首诗作，也可算做我对陈先生约我谈诗而我未能践约之遗憾的一点补偿吧！而我这一篇文字就是写于我书房中所悬挂的先生这一幅亲笔手书诗作的镜框照临之下，倘先生在天有灵，定能因此而鉴知我践约与先生谈诗的一点诚意。

附言

写完了上面的纪念文字后，对于这首诗的诗体我也想说几句话。那是因为有人问起我，说后面四句的“身”、“伦”、“深”三个字好像是三个韵字，是否可以看成是一首七言绝句？如此说来则前面四句就应该也是一首七绝，不过前面四句却并未押韵，应该如何看待？我个人以为这首诗还是应该做为一首诗来看待，因为陈先生当日给我打电话时清清楚楚说的是送我“一首祝寿的诗”。而且我以为先生的本意是写一首七言律诗，这从他用李商隐的七律“锦瑟”为开端，也可以看出来他的原意是写一首律诗。至于此诗格律之与七律不尽相合，则因为先生原是数学家，并未深研诗歌的格律，先生所掌握的是诗歌的本质。诗中三、四两句的“陶亮赋”与“清照词”是明显相对的，五、六两句在字面上虽非对偶，但在质量上则是相对的。为了避免读者对于这首诗为律为绝的争议，所以本文在标题上所写的乃是陈先生手书的一首“七言诗”。私意以为，我们欣赏一首好诗，应该亦如九方

皋之相马在牝牡骊黄以外，所重者应是其精神本质，而不在其外表之形式也。

（作者为加拿大籍华人学者、著名古诗词研究专家、现为南开大学教授）

我的老师 我的“谈友”

——忆陈省身先生

陈洪

此生有幸，能够对陈省身先生叫一声“老师”；更加有幸，能够被陈省身先生当作“谈友”。

在先生生命的最后三两年里，由于多种因缘凑合，我经常陪侍于先生成为座上“谈友”。有时是和叶嘉莹先生或是范曾、葛墨林先生一道，有时则与省身先生单独相对；有时是便饭中杂以闲谈，有时则是奉先生召唤专题闲谈。省身先生学识渊博，思维极其敏捷，和他谈话是一件十分快乐的事情。

记得2001年底，美国安然公司事件刚刚在媒体出现，省身先生打电话给我，问我能否过去聊聊天。一落座，先生就问我：“你看美国面临的最大问题是什么？”我当时讲了什么已经记不清了，

大约是列举了一些人们常常提到的外交困境之类。而先生的意见却是记得非常清楚，因为印象太深刻了。先生摆摆手，然后不紧不慢地问道：“你注意今天报上关于安然的消息了吗？这才是美国面临的最严重的挑战。”他看到我有些愕然的样子，就解释道：“对于美国的经济制度来说，商业信用是关乎根本的东西。整个金融业、还有现代贸易体制，如果没有商业信用就无法运转。西方的商业信用不是靠什么‘觉悟’、‘道德’作保证，而是建立一套严密的制度。安然这件事，我仔细研究了那些材料，发现是制度方面出现了根本性问题。”然后，先生作了两点预言：一点是“事情绝不会就此结束”，后面肯定还要有类似的事件出现，甚至更严重的情况；另一点是，这件事和即将出现的类似事件，将对美国的经济造成相当严重的损伤，而且还要持续至少三两年。先生在阐述自己观点时，双目炯炯，那种自信如同遨游于自己的几何王国一样。后来的事态发展，惊人地证实了先生的预言——安然之后，由于相似的原因，安达信、美洲银行、花旗集团、蒂科公司、凯玛特集团、世界通信公司、施乐公司等，甚至波音和微软都被起诉或是调查。而多米诺骨牌似的连串丑闻给整个西方股市造成了长时间的动荡。安然事件发生半年多以后，西方有评论家称“华尔街丑闻是比911事件更可怕的恐怖事件”。当这些重大事件陆续由媒体输送到我眼前的时候，我不由自主地想到朋友们背后关于先生的一句戏言：“省身先生如果到政界，就是最杰出的总统。”

先生的兴趣当然不止于美国问题，我们聊的范围相当广泛，从社会新闻到历史掌故，从宗教问题到教育模式。而不论哪个领域，虽然先生并非专家，但他从不剿袭陈言。他不清楚的事情，总是细细的询问，而一旦发表见解，便常常出人意表。有一次，我们聊起中国古代文学，由稗史谈到正史，先生忽然话锋一转：“我总怀疑司马迁是被汉武帝暗害了。”先生一向的宽厚鼓励我也渐渐放言无忌，便反诘道：“您有什么根据？”先生说：“我读《汉书》，总觉得班固有难言之隐，藏起了关键的话。你看前面他记司马谈给儿子留遗嘱，记司马迁和壶遂的谈话，都是多么详细。后面抄录《报任安书》也是一字不差。可是抄完之后，一个字的交代也没有，就出来了‘迁既死后’这样没头没脑的话。这不是班固一贯的风格，也不是为司马迁这样的大文化人作传应有的写法。”他停了停，又补充道：“你想，司马迁的著作对汉朝皇帝多有微词，特别涉及了汉武帝和他身边的一些人，汉武帝是个很厉害的君主，他不能容忍的。你看他对于其他人的辣手，就可以想象到。不过，我推测他害司马迁师出无名，恐怕是一种暗害。所以班固讳莫如深。”当时我的感受直如辛稼轩词中的境界：“燃犀下照，鱼龙惨，风雷怒。”先生这一番议论当然不足以作为学术定谳，但开心智、启疑窦，居高而临下的眼界，又不是一般拘泥于成说的专业人士所可及了。

现在能够回忆起来的，和先生还谈到了诸如孝庄皇太后的评价、李商隐诗歌的解读、犹太人在天津的历史、《雍正王朝》的改编得失、佛教的特色等多方面的问题，另外就是时政。先生谈时政，也颇多切中肯綮之论，但又含蓄隽永，每每需回味才能尽得其妙。

和先生谈话之所以快乐，除去上面说的学识、眼力因素外，他的善于倾听也是很重要的一面。先生齿德具尊，但虚怀若谷而不带丝毫尊长的架子。我见到过他和学生讨论数学问题，彼此之间交换意见完全是平等的。由于先生和我的谈话大半落在我的专业范围内，所以常常是他提出问题听我介绍有关情况。我讲的时候，先生总是十分认真倾听，没听清的地方一定会要我重复，然后追踪摄迹地提出问题。他的问题总是很到位，也常有问得我额头冒汗的时候。

和先生谈话，我一般注意掌握在一小时之内，怕时间长了影响先生健康。可是先生谈得兴起，就会不断抽绎出新话题来，看着老人兴致勃勃的神态，我的心情经常处在矛盾之中。

转瞬间，先生离开我们已经将近两年了。每次路过宁园，先生的音容笑貌都不由得浮上心头。每次与范先生、葛先生等好友聚会，省身先生必定成为深情的话题。先生有知，或许也会偶尔再起召我快谈之念吧。

（作者为南开大学教授）

怀念陈省身先生

王元

一

1944年，我父亲王懋勤到中央研究院任职，初任总务主任，后又任主任秘书。从那时起，他就认识陈省身先生了。但我第一次听到陈省身这个名字，是1948年我念高三的时候。那时中央研究院选举第一批院士，我父亲将所有候选人共两大本材料带回家。我看了一遍，记住了有一个数学家叫陈省身。

以后，我进了浙江大学数学系，在我将毕业的1952年，我看到了一本斯廷诺德的书《纤维丛》。书上引用了不少陈先生和他学生的文章，这使我激动万分！科学落后的中国，出了他这样

一个有国际声誉的数学家，这是炎黄子孙的光荣。从此，他成了我心中的一个英雄。

从家里的来信得知，在中央研究院召开院士会议时，父亲见到过陈先生，并和他谈起有一个儿子学数学，所以陈先生知道了我的名字。但是，我们无缘相识。“文化大革命”中，我被打成了数学所的“现行反革命小集团”之一分子，属于“敌我矛盾”。1972年，中美关系解冻，陈先生回国访问。经“革命群众”批准，我可以去听讲，实际上是要一些人去捧场。我有自知之明，每次都在最后一排选一个角落听讲，我总算目睹了陈先生的风采，聆听了他深入浅出的报告。他在北大作了关于初等微分几何的公众报告，给我留下的印象尤深。我不愿意连累他人，所以未前往相认。

1979年，我被“解放”了，而且允许我单独去法国、西德、英国访问了三个多月。1980年，我参加了以华罗庚先生为团长的“中国数学家访美代表团”访问美国。陈先生以东道主之一的身份宴请代表团。在饭桌上，当介绍到我时，陈先生颇为生气地说：“在国内见不着你，倒在这见着你了！”我说：“您要见我太容易了，随叫随到。”他说：“随叫随到，好啊！”我想他已经明白，必须他主动，我们才能见面。

代表团回国了，我留下来继续访问和探亲两个多月。临回国时，我仍然途径旧金山。一天晚上，我去陈先生家拜访。这是我第一次拜访他。他的家坐落在一座小山上，旧金山的灯火夜景尽收眼底。我们边喝茶，边交谈。我记得他说：“基础理论研究一定要在中国搞，做得好的人一定要回国去。”他也关心华罗庚先

作者与陈省身的合影

生在“文革”中的遭遇，我告诉他，华先生在“文革”中曾受到毛主席与周总理的保护，实属大幸。与陈先生那样谦和的交谈，给我留下了难忘的印象。从此，谁也没有再提起过，为什么在长达八年的时间里，我竟没有去招呼过他。

二

往后，我们有了较多的接触。

1990年，陈先生与师母应邀访问中山大学，然后去珠江三角洲访问。有几个数学家陪同他一起访问，我是其中之一。这使我们有一周的时间朝夕相处。同年，我又参加了以卢嘉锡为团长的科协代表团到旧金山开会，又一次拜访了陈先生。他亲自趋车到火车站接我，那是一辆很小的日本车。他带我去了他在加州大学伯克

利分校的办公室，然后又去了伯克利数学所的办公室。我们在研究所共进了午餐，我们谈了不少数学。他说："首先要注意数学的品味，知道什么是好的数学及自己的工作所处的位置。"

这么多年，政治运动不断，不少学者受到莫须有的迫害。选择在国外发展是完全可以理解的，不应该有所非议。他真的会如我们初次见面时所说的："做得好的人，一定要回国去"吗？老实说，我并不认为他需要实践这句话。但2000年，他真的回天津定居了。这样我就向他提出，希望到天津去看望他一下，他爽快地答应了。

这些年我对陈先生的科普与自述性著作花了不少时间研读，了解了他的数学及数学以外一些事物的观点，知道他还对历史、诗词与书法都很爱好，他还用楷书为韦依的数论史的书题写了"老马识途"四个字。于是我带了两张临摹二王（王羲之与王献之）的行草书作为"见面礼"，果然一下拉近了我们的距离。他仔细看了我的字，我说"这是送给您的"，他高兴地说："送给我，好啊！"于是我们就聊起了数学，从古到今，任凭话题遨游。他是那样的谦和与平等，使我一点拘束也没有。"数学"确实是数学家之间的一个永恒话题，同样的话多说几遍一点也不会烦人。我们谈到了数学的国际奖项问题，陈先生多次说："一个奖是否重要主要看得奖人。由于量子力学的一些创始人得了诺贝尔物理学奖，所以诺贝尔物理学奖很重要。其他的诺贝尔奖的影响就没有那么大了。菲尔兹奖原来是奖励年轻人的一个奖，因为有许多杰出的数学家得了奖，所以就显得很重要了。"他总是谆谆告诫大家，不要把奖看得太重了。有一次，他说："不要评什么奖嘛，大家好好做研究不好吗？”跟陈先生谈过一次话，就会给人永远难忘的印象。潘承洞多次跟我谈起，他在旧金山的时候，陈先生请他吃过茶点，那样推心置腹的谈话，使他很受感动。其实他就跟陈先生只谈过这一次话，我想陈先生的诚恳与关爱，使他在朋友与晚辈中有着特殊的人格魅力，石钟慈与龚升也有同样的感受。陈先生多次表示欢迎我多去看看他，这确实使我受宠若惊，于是我每年总得去看他几次。记得有一个周末约好去看他，恰逢大雾弥漫，京津塘高速公路关闭了，只好作罢。于是我跟他约定，顺延至下个周末，若再有不测，就继续顺延。

三

社会上有一种流传说，陈先生与华先生不和，互相看不起，是否事实？我曾作过很多考察，他们二人在年轻时就都露出了头角，老一辈对他们确有不同的评价，但都被视作接班人。1940年，在昆明成立“新中国数学会”，年轻人中，只有他们二人被选为理事，并被委以负责具体领导工作，华先生任司库，陈先生任文书；他们二人都协助苏步青先生编辑过“中国数学会学报”。所以，他们既是好朋友，又是竞争对手。也许正是由于这种竞争，加速了双方的成才。《陈省身传》的作者将他们早年的竞争比喻为“瑜亮之争”是适当的，应该说他们对数学的爱好与评价确有差异。但更多的是相互的关爱与尊重。即使在他们二十多岁留学时，华先生就曾去德国与陈先生一道看过运动比赛，陈先生还专程去剑桥大学看望过华先生。在西南联大期间，他们二人与王信忠同住一屋一年多。1950年，华先生归国前，在芝加哥与陈先

生作过长谈，想不到这一别就是二十多年。再见面时，大家都已年过花甲了，剩下的就只有关爱了。这些在《陈省身传》中作了详细叙述，我可以作点补充。《陈省身选集（卷一）》在斯普林格出版社刚出版，陈先生就寄了一本给华先生。华先生将它放在汽车里，读了很多天。而当华先生一拿到同样是斯普林格出版社出版的新书《华罗庚选集》时，也立即寄给了陈先生。而直到一年以后，华先生才买了几本书分送给他的几个最亲密的学生。华先生生前，中国数学会就设立了"陈省身奖"。当时我是数学会的副理事长并分管这件事。当我告诉华先生时，他连声说："好啊！"后来，为了纪念华先生，共青团设立了小学生"华罗庚数学金杯奖"，陈先生担任了历届组委会的名誉主任。有一次，陈先生去中国科技大学， 原本要向学生报告他学习并研究数学的经验，但当他听说华先生刚过世，就立即改变了演讲题目，讲述了华先生的生平与他们之间的友谊。

1984年华先生从美国访问回来时，曾对我说，王信忠请他和陈先生在一个旋转餐厅吃了一顿饭。当时，他们一定会回忆起四十年前同住一屋的友情。1985年华先生去世，我写了一本《华罗庚》，寄给陈先生，他在不少场合都夸奖过这本书。

陈先生很爱才，虽然他对每一个人都很关爱，但对有才华的数学家格外关爱，正如《陈省身传》所说的：陈先生称华先生为他在华人数学家朋友中之首是很自然的，他们彼此想得最多的华人数学家一定都是对方。

社会上喜欢谈论名人，对他们的某种分歧加油添醋。作为谈话资料，垫垫牙，这是可以理解的，谁叫你是名人呢！

四

跟陈先生谈话次数多了，自然就跳出了数学的范围。我注意到他过着宁静淡泊的生活。他在美国开的是一部很小的日本车，却送了五辆汽车给南开大学，其中包括一辆“奔驰”。他天津的家比较宽大，但却很简朴，没有一张沙发。大家围着一张大长桌谈话，他则坐在轮椅上。他的家已经十多年没有粉刷了，显得相当破旧。有一次我去看他，那时他家正在修理暖气，他暂时住在南开大学的宾馆里。我劝他，何不趁这个机会把家里装修一下呢？他坚持说：“不装修，这样就很好！”

他跟我多次谈起他跟师母郑士宁的婚姻。他说：“我们的婚姻很幸福，我们从来没有红过脸，我挣的钱全部交给她管，她把整个家都包下来了，这就是运气。”他还谈到他身后的事，他说：“我会给南开留下一笔钱的，我想应该有一百万美元。”

我们当然会谈到书法和诗词。他说：“小时候，家里给我一本字帖，我不知道这是要我照着写，我把字帖放在一边，自由地写。”

有一次，他对我说：“你帮我写一点字。我喜欢三个诗人，陶渊明、杜甫与李商隐。”我问他写谁的？他说每个人都写一点。陈先生喜欢陶渊明是看得出来的，他一向向往自由、平等与宁静；但杜甫与李商隐的代表作则是很悲的。于是我说：陶渊明虽然是诗人，但代表作是“桃花源记”；杜甫的诗，我想写“登高”。他说好啊！李商隐的什么诗呢？我没有说。2002年，我万分有幸地收到陈先生寄给我的一张自制的精美贺年片，正面是陈先生的照片，背面有一首诗：

畴算吸引离世远，
垂老还乡亦自欢。
回首当年旧游地，
一生得失已惘然。

后两句与李商隐的诗“锦瑟”是心心相通的，于是我猜想他是很喜欢“锦瑟”的。果然被我猜中了，这是他最喜欢的一首诗（见[1]）。我将这三个作品用行草书写好寄给了他。

五

2004年春节，我去天津向陈先生拜了年。

四月在浙大，我们又一起呆了近两周，一起去玩了新建的雷峰塔，并到他的家乡嘉兴南湖泛舟，品尝了不少杭州佳肴，更作了多次交谈。我感到他的听力已衰退了好多，或许是我说话底气不足了？差不多说话都要说两遍才行。

五月，我又与杨乐及夫人黄且圆一道去南开看望了陈先生，并在他家住了一晚。

九月三日，在清华大学听了陈先生一个报告，并与他说了几句话。这是与他的最后一面！

十月，我收到他寄来的一本《陈省身传》。

[1] 李商隐著“锦瑟”：锦瑟无端五十弦，一弦一柱思华年，庄生晓梦迷蝴蝶，望帝春心托杜鹃，沧海月明珠有泪，蓝田日暖玉生烟，此情可待成追忆，只是当时已惘然。

十一月，我又收到了传记的作者张奠宙的来信。信上说："如果您觉得可以和可能的话，敬请您能够写一则书评（在您为《陈省身文集》写的书评的基础上）。""昨日因事路过天津，见到陈先生，谈到写书评时，提到杨振宁、李文林和您。"（见[2][3]）

我回函陈先生与张奠宙，大意是我会认真阅读《陈省身传》，并努力去做张奠宙要我做的事，我想他已经看到了我的回信。

安息吧，陈省身先生。我会永远记住您的。

（作者为中国科学院数学所教授、中国科学院院士）

[2] 张奠宙，王善平著。陈省身传。天津：南开大学出版社，2004。

[3] 在我写的"文集"读后感的基础上，不易写成一篇传记书评，为此特作一"点评"。"陈传"是一本全方位介绍陈省身的书，从他的出身、经历、治学经验与经过、成就与个人爱好、性格直至朋友、家庭都作了讲述，是研究陈先生的一本有价值的参考书，对他的学术成就的分析似不足，可参考其他文献。另外，本文是记述个人与陈先生交往的片段，可作为"陈传"之补充。

怀念我的老师陈省身先生

周毓麟

1945年，我于大同大学数学系毕业，后来南京临时大学补习班教了大半年的微积分。补习班结束后，教员可以去南京中央大学任教。可我一心还想再念数学，就回到了上海，因为我打听到中央研究院数学研究所陈省身先生在讲拓扑学课，陈先生吸引了我。

于是，1946年秋天我第一次见到陈省身先生。

听了一段时间的课。有一次下了课我和陈先生同路下楼，陈先生对我说，他要去南京开会，并问我拓扑课听得懂吗？我说听懂了，又问我大学里学得怎么样，我说平均分在九十分以上。陈先生追问我数学学得怎么样，我说数学分高，就是别的课程把我的平均分数拉下去了。等陈先生南京开会回来，他就安排我进了数学研究所。

听陈先生的课，对我来说极为新鲜，原来我对拓扑学真是一无所知。

在大学里学习期间，我喜欢买数学书，特别醉心于德国的黄皮数学丛书。在龙门影印书店里，对于黄皮数学书，我是见一本买一本。有一次我见到一本Alexandroff与Hopf的*Toplolgie*，是黄皮书，可我怎么也看不懂里边讲的是什么，犹豫了半天，没有买就回家了，心里还是挂念着它。再赶去买，书没有了。自听了陈先生的课后，深感没有买这本书是多么的遗憾，我后悔极了。

陈先生讲课深入浅出，非常吸引人，玄玄乎乎、抽象的拓扑学，讲的清清楚楚，特别引人入神，听得你津津有味，感觉实实在在。陈先生的板书也特别好，你只要一行一行抄下来，就不需要再整理了。这些笔记真让我喜欢，对我特别有用，觉得就是我的学问。半个世纪来，风风雨雨，我的书籍、手稿、笔记，不知被销毁、丢失了多少，但这本发了黄的笔记本在我的书架上始终占据着显目的位置！

这样的感受贯串于我的整个研究工作生涯。多年来我在微分方程、计算数学、应用数学及数学应用等方面的研究工作中，拓扑知识总是作为基本工具与方法陪伴着我。

在中央研究院数学研究所有一帮小年青。例如，马良、孙以丰、廖山涛是从清华、北大来的，陈杰、陈德璜是川大来的，林兟、贺锡璋是浙大来的等等，吴文俊和我，是本地上海的，是自己找上门去的。

要学习就得有好书、好文章。所里很缺乏，别的处所也不好找。陈先生把他的藏书与资料让我们找龙门书店去影印。我们还自编论文集，也进行影印。这样，我们每人书籍资料都很齐全了。有一次陈先生给我几份俄文的重要文章。我不懂俄文，这可难为我了，我只好去中央大学旁听俄文课，听了好几堂课，还没学会阅读俄文数学文章，就来了这些文章的英译本。这下就把刚学会的几个字母、单词什么的忘得一干二净了。

陈先生常来我们办公室看看，并谈些什么的。有时也找这个找那个到他房里去讨论些什么。

陈先生围棋水平极高，也是个大家，不过工作时间他不下棋。我们这帮年青人也有不少高手，一次周六午饭后也不休息就排开了阵势，下得忘乎所以，忘了该结束的时间。陈先生来了，“喔！你们都在这里呀！我知道了，以后找不到人，到这里来就行了。”从此，我们再也没有“忘乎所以”过。

拓扑学当时是一门全新的学科，研究方法很不同于古典数学。我刚涉足不久，还未入门。有一次我做了个题目，陈先生看后，给我谈了次话，指出了不少问题。我好像开了窍似的，感觉很轻松、很愉快。陈先生的指导确实高明、到位，使我对工作对学习更有信心。并认为，对于不管怎样新的和困难的工作，只要肯努力，总会掌握要领，总会入门的！

1948年中国数学会开了年会，我参加了在南京举行的分会。陈先生看了我为会议撰写的英文稿后说，这文章应该用法文写，摘要也要用法文写。我说我不会，陈先生就给写了份法文的摘要。在会上做报告时，我只好用法语念题目，但只能用英文解释论文。以后陈先生去美国时将我的这项工作也带去了，准备用法文送法国发表。

在这次年会上，我们这些年青人都做了报告，一下十几个，有一些积极的影响。因为这是个新兴的学科，在国际上，研究小组还很少，特别是这样规模的研究小组更是罕见。

在南京、上海解放前夕，数学所准备先迁到上海，再迁到台湾，陈先生也准备赴美国讲学工作，可陈先生还挂念着我们这些年青人的工作安排。一天陈先生问我，愿不愿意先去台湾，而后给我在美国安排个学习机会。我当时不愿去台湾，陈先生让隔天再去找他，原来他替我在大同大学附中找了个教席。在我们这些年青人中，像廖山涛等就是先去台湾后到美国学习，学成后回到新中国工作的。

改革开放后，陈先生几乎年年回国讲学与工作。而且回国次数越来越多，每次回来的时间也越来越长，直到新世纪开始，陈先生就定居在天津了。

陈先生在国内频繁的举办双微（DD）会议、讲习班、各数学学科数学年，并建立了南开数学研究所。这些活动和举措极大地推进了我国已被多年冷落的数学事业。正是基于这些努力，人才断层问题改善了，队伍壮大了，数学研究水平得到了显著提高。陈先生并提出，要在二十一世纪把中国建成一个数学大国、数学强国。这是一个非常振奋人心的口号！我国数学工作者正在为此而努力奋斗。

从1949年我与陈先生在上海相别到八十年代初我同他在北京再见面，相隔三十多年了。再次见面时，我想汇报一下自己的情况，还没等我开口，陈先生就滔滔地说起了我，说我去了苏联，说我发表了偏微分方程方面的文章。当时，我非常感动，真没想到，陈先生远在大洋彼岸，不但没有忘记他的老学生们，而且对学生们很关注，很了解。

陈先生是世界数学大师，我们北京应用物理与计算数学研究所的研究人员，都很渴望能亲眼见见陈先生。陈先生年纪那么大，又那么忙，怎么办？我就打电话给胡国定先生，探询可否趁陈先生来北京的机会，顺便到我所给大家讲一讲。陈先生知道了，并非常热情地答应了，就定了个日子。陈先生是专程从天津赶过来，在我们所做了一个别开生面的标题为《物理与几何》的报告，报告深入浅出，非常精彩。整个大报告厅挤得满满的，不少人还站着听完报告。陈先生其人以及他的报告，给大家留下了深刻印象。

在我80岁生日那天，我们所安排了一个会。早晨我到会场时，胡国定先生告诉我，陈先生也要来。我有些埋怨胡不该告诉陈先生，他忙说是陈先生自己要来的。陈先生都九十二岁了，腿脚不便，要坐轮椅，时值冬天，京津高速路常有大雾，把陈先生封在路上可怎么办。我非常不安，幸好，会议开始不久，陈先生也就到了，会后陈先生没有太多休息就直接回天津去了。真怕累着他老人家，陈先生对他的老学生的关怀，永远记在我的心上。

1991年全国计算数学年会要在天津南开大学召开。我时任理事长，总希望会议开得成功，特别是期待陈先生能出席开幕式。会议的规模很大，因为高校计算数学年会、天津计算数学年会以及全国偏微分方程数值解会议都合在一起召开，加起来有四百余人。陈先生常说喜欢年青人，这次会议年青人特别多。大家都很希望陈先生能来看看我们这一盛大聚会。不巧陈先生这段时间有事要去北京。陈先生挤时间参加了开幕式后，才匆忙出发去北

京。而且四天后还抓紧时间赶回天津，没休息就参加了会议的结束活动。高年的陈先生是与大家息息相通的，全体与会者，包括我本人，都感到很兴奋。

陈先生很关心数学应用与计算数学事业在我国的发展，在谈话中，我也说过几何与拓扑在计算研究中的作用。有一次他问我微分几何在科学计算中有什么作用与应用，我没有思想准备，只说在物理及相关问题中有应用。我很不满意自己的回答。事后我思考了这一问题。其实在物理或实际问题中微分几何“表述”性的应用似乎没有太多计算，但在“求解”的应用中，会有很多计算。实际想来，各类问题中的曲线曲面上的分析及其运动，计算中是很重要的。有三维流形，乃至八维流形的计算，计算它们的结构、计算流形上面的方程等，都是很重要的课题。很想有机会跟陈先生说说这些想法与见解。但这已经不可能了。

我在陈先生身边的时间不长，算起来仅有两年八个月（1946年10月至1949年5月）。陈先生教我怎么学会、学懂数学，怎么做对、做好研究，把数学教到我“心”里了。几十年来他为数学科学的发展，为中国数学事业的振兴，真是呕心沥血、鞠躬尽瘁。

我怀念这位世界数学大师、我的老师陈省身先生，感谢他为数学事业所做的贡献，也感谢他对我的教导和关怀。

（作者为北京应用物理与计算数学研究所教授、中科院院士）

深深怀念陈省身先生

万哲先

1946–1947学年度的第二学期，清华大学教授陈省身先生回到清华园，给大学生开设《高等几何》课。当时我是清华大学算学系三年级学生，选修了这门课。开学前，系里通知选这门课的同学去陈先生家中和他见面。见面后，他一一地问我们的姓名，询问过去学习的情况，态度和蔼可亲。为了解我们对基础知识掌握的程度，他还提一些问题，问题由浅入深，步步深入，要求我们回答确切，不许含糊。我们答不上来的时候，他就循循善诱地启发我们回答。通过短短两小时的谈话，他对我们同学的情况有了初步了解，为他的讲课作了准备，讲课时做到有的放矢。这次谈话也使我发现自己学习的一些不足之处，回到宿舍，赶快翻书，思考演算，复习巩固。

谈话结束前，他简短地介绍了他要把《高等几何》课分成《高等几何（上）》和《高等几何（下）》两门课程来讲授。《高等几何（上）》讲授《Erlangen纲领》，《高等几何（下）》讲授拓扑学。这次谈话是我第一次见到陈省身老师，当时他关于Gauss-Bonnet 公式的内蕴证明和他引入的复向量丛的示性类（后来被称作陈省身示性类）已开始闻名于世，他已是举世闻名的大数学家。我们能碰到一位大数学家来教我们基础课，确实幸运、荣幸。

陈老师讲课内容新而且观点高。听他的课，学生受益良多。Erlangen 纲领我是第一次从陈老师那里听到的。《高等几何》课过去主要讲射影几何，内容相当古老。在《高等几何（上）》这门课里，他用 Erlangen 纲领把射影几何、仿射几何、非欧几何以及欧氏几何等分支串起来讲授，同学们听了觉得十分新鲜，有趣，看到几何学中居然有如此美妙的纲领，开阔了视野，加深了对数学的理解，提高了对数学的兴趣。在最后一节课里讲了计数几何，内容十分新颖，很吸引同学兴趣。在《高等几何（下）》这门课里他讲的是拓扑学。拓扑学在当时刚刚兴起不久，是当时最时髦的数学科目。许多数学家都预见到，这门新科目对数学的发展会有深远的影响。陈老师把它放到大学生的课程中讲授在当时是一个创举，目的是想尽早把学生带到数学研究的第一线。因为授课时间短，我们同学起点低，他只讲了一般拓扑学和同调论。

陈老师讲课十分清晰，讲课技巧很高，语言简明扼要，讲话句句重要，几乎没有一句多余的话。每节课前我们都怀着极高的兴趣走进教室，听课时聚精会神，十分专注，跟着他进入美妙的数学仙境。下课后还不断回味。听他的课真是极高的享受。他备课极为认真负责，事先写好授课笔记，上课时板书非常清楚，还经常画些插图，举些例子来阐明抽象的数学理论和启发学生的思维。他讲授的《Erlangen 纲领》和《拓扑学》两门课，我都记有课堂笔记，我一直地把它们视为至宝。可惜《Erlangen 纲领》一课的笔记在文革中遗失，《拓扑学》的笔记一直保留到现在。陈老师2004年不幸去世后，我把它赠给了清华大学图书馆，希望他们永久保存。记得陈老师给我们讲拓扑学课结束时曾说过，目前还没有一本拓扑学的入门书。他准备把他的授课笔记整理成书出版，我一直在盼着这本书的出版，但他科研太忙，一直没能抽出时间来把这份授课笔记整理出版。

陈老师重视课下的作业，每周都布置习题给学生做。有的习题是要运用课堂里学的理论来解，有的习题则是为了弥补以前学习之不足。我们做了都很有收获。学生交上来的作业由他自己认真批改，我们得益很多。

陈老师回到清华园不久，立即组织了算学系的（综合）讨论班，每周一次，由他自己带头讲第一讲，接着段学复老师，赵访熊老师，吴文俊先生，徐利治先生，吴光磊先生等等，一个接一个地演讲，系里的学术气氛立即活跃了起来。

可惜陈老师这次在清华园只呆了一个学期。1947年6月，就离开北京去南京了。因为当时他正在负责南京中央研究院数学研究所的筹建工作。从那以后，直到1972年他从美国回国访问之前，我一直没有再见到过他。

我在大学学习期间能听到陈老师这样一位大数学家讲基础课是很幸运的，我是非常感激的。1950年开始我在大数学家华罗庚老

师指导下从事代数学的研究，1962年我又开展组合论的研究，陈老师的课给我打下的几何和拓扑基础都一直在起作用。

1972年以后，他不断回国访问。他对祖国和以前的师友怀有深厚的感情，对祖国数学的发展非常关切，热情希望为我国数学的发展贡献他的力量，使我国早日成为数学大国和数学强国。1980年他倡议我国举办微分几何和微分方程国际学术讨论会（简称双微会议），两年一次，每次都邀请国际上一流的数学大家作系统的学术演讲。他还建议段学复教授仿照双微会议的模式举办群论国际学术讨论会，等等。这些活动对我国数学的发展，年轻人才的成长起了重要的促进作用。1985年他创办了南开数学研究所。现在南开数学研究所已成为我国数学乃至国际数学的一个重要研究中心。没想到陈老师竟在这时离我们而去，陈老师的数学成就是永恒的，陈省身数学研究所永远会屹立在东方。陈老师对中国数学发展的贡献是巨大的，我们将永远深深怀念他。

（作者为南开大学教授、中科院院士）

陈省身先生是中国数学界改革开放的精神领袖

姜伯驹

回想30年前，文化大革命刚刚过去，百废待兴。陈省身先生从1972年起多次回国讲学，对国内情况已很了解，热情地投身到振兴中国数学的艰巨事业。他一下子就碰到了问题：40岁一代的进修，需要派人出国；20岁新一代的培养不能再与世隔绝，要把前沿的数学家请进来。但是开放谈何容易，不改革寸步难行。我是在这个节骨眼上有幸得到陈先生亲手培养指导的人之一。

1977年春，德国奥贝沃尔法赫（Oberwolfach）数学研究所来信邀请我参加九月份由Dold教授组织的不动点学术会议。陈先生告诉我那儿是德国的数学会议中心，他曾去参加过很好的会，鼓励我争取参加。结果是教育部不批准，国门还没有开。1978年，陈先

生亲自邀请中国科学院的王启明、彭家贵访问伯克利（Berkeley）加州大学数学系，打开了青年数学家出国访问的先河。后来国家决定派遣第一批50人赴美留学时，陈先生就推荐张恭庆到纽约的库朗（Courant）数学研究所，推荐我到普林斯顿（Princeton）高等研究院，希望添进这批访问学者。记得他请北大数学系的老领导程民德先生出马，一次又一次地领着我们两人到教育部赶办种种交涉和手续，生怕出岔子。到年底终于是52人同行。

普林斯顿历来是拓扑学研究的中心，1979年是项武忠先生在组织几何拓扑学的研究。流形的手术理论，纽结论，尤其是Thurston的曲面论与三维流形论，深深吸引着我，潜心学习，不亦乐乎。3月份陈先生到高等研究院在爱因斯坦百年诞辰纪念会作报告，是我们在国外第一次见面。他问我有没有在全所的综合讨论班上讲过自己的工作。我后来就鼓起勇气报名去讲，竟得到好评，也打开了与更多人交谈的话题。此后我才开始活动起来，参加学术会议，访晤同行，逐渐领略到学术切磋的巨大力量。

1979年6月份，伯克利为陈先生的退休举行盛大的学术会议。这次见面，他关心我在普林斯顿期满后的安排，让我1980年上半年到伯克利工作，并且建议我开一个面向研究生的专题课，讲我所比较熟悉的不动点理论。伯克利本来就是我向往的地方，能经常听到陈先生的教诲。教课我起初语言上信心不够，犹豫了几个星期才接受。后来这课很成功，结识了一群朝气蓬勃的博士生，讲义被同行推荐给美国数学会，是文革以后中国人在国外出版较早的专著。

我是1962年跟随江泽涵先生开始做数学研究的。但是两年后就下乡‘长期锻炼’，连同文革，脱离了整整13年，是陈先生带领我实现了数学上的再生。他不单是把我安排去了理想的地方：在国际学术中心，眼看着数学怎样被创造出来，的确令人激动；自己怎样参加进去，并非没有彷徨。陈先生的指导看似蜻蜓点水，却是深思熟虑的。他及时地提醒和鼓励我，跨进国外学术生活的各个方面，破除神秘感，使我能以自信、平等的心态，走进数学的精彩世界。

1984年夏天，第一届“数学研究生暑期教学中心”在北大举行，我参加了筹备工作。陈先生一向认为中国必须立足于在国内培养高水平数学人才，否则素质好的青年人会大量流失。美国研究生教育的长处之一，是有扎实的基础课程；中国研究生制度刚刚建立，加上师资的原因，这类课程缺失。因此他倡议每年暑假把各大学优秀的低年级研究生集中起来，请最好的老师来开基础课程，要考试，给学分。第一届的主讲教员是陈先生亲自物色的，全是从国外聘请的名师；学生们享受了终生难忘的学习经历。历史已经证明这个倡议的生命力：各校轮流举办，至今不衰，现在的名称是“数学研究生暑期学校”。

1985年，南开数学所正式成立。南开数学所是我国本土的第一个开放型的数学所，宗旨是“立足南开、面向全国、放眼世界”。陈先生在接连办了几届“双微”会议之后，下决心扎根南开，手把手地传授国际上顶尖数学中心的成功经验。开头几年用学术年的方式，把学术导向、合作交流、培育英才等功能结合在

一起。陈先生要我去兼任副所长，协助他和胡国定先生做学术年的组织工作。于是我有机会切身感受了陈先生高瞻远瞩的魄力和披荆斩棘的艰辛，感受了他全心投入的热情，既有海阔天空的创意，又有化解困难的灵活。第一年是偏微分方程年，第二年是几何与拓扑年，这两年我几乎全在南开，周末才回北京。

南开数学所也是陈先生探索中国数学发展之路的场所，是他的根据地、样板田。在谈到选择在南开办所的时候，他说理由之一是“北京太热闹”，就是指这方面的考虑。其实陈先生是爱热闹的人，喜欢交朋友，在数学圈子里，国外国内，年长年少，和很多人都谈得来，而且喜欢当面谈，电话是不得已才用。但是中国数学发展的大计，不能浮躁，是需要清醒的头脑来思考的。改革开放中的中国变化也快，他要通过这个根据地来感受数学界的脉搏，凝聚共识。数学家做事讲究找一个好的角度，陈先生是几何学家，深知选择坐标系之重要。

陈先生立足南开，是为全中国服务的。他不懈地为数学争取稳定的经费支持，为数学家争取改善工作环境；展望中国数学的前景，提出建设“21世纪数学大国”的奋斗目标；促进数学天元基金的诞生，以解决数学有别于其他学科的特殊需要；同心协力，成功地申请和举办国际数学家大会。如果回顾一下我们这些年来都忙了些什么、做好了哪些，就会发现很多事情是陈先生的创意，并且亲自争取到国家领导的支持而得以实现的。许多主张是根据我国的国情提出来的，不是从外国抄过来的，是从实践中来、在实践中发展的，不是想当然的。

陈先生以他非常独特的魅力，因势利导，推动数学界团结奋进。得道多助，陈先生一直得到数学界的爱戴，不但因为他的数学好，是举世闻名的数学泰斗，是现代微分几何之父，这方面似乎有点高不可攀；更是因为他是我们身边的领路人，处处为数学事业着想，引导我们又关心帮助我们。陈先生是中国数学界改革开放的精神领袖。

（作者为北京大学教授、中科院院士、
第三世界科学院院士）

成就学不到 精神可以用

林群

去年出差镇江市扬中县，在出租车里被司机问出我是来参加数学夏令营时，他说你一定很熟悉陈省身大师吧？我只能承认我跟大师并无私下接触，也只是从报刊或电视上看到他的一些言谈。

我最早是在改革开放后，从报上看到他给科大少年班的一个题词“不要争第一”。在社会上对少年英雄炒得风风火火之时，这可是泼出一盆冷水、吹出一阵凉风，怎么不叫人拍手称快？只有大师才能讲出这样的至理名言，石破天惊。此后，每当我参加青少年的暑期班或颁奖活动等等，总是用陈先生的“不要争第一”来奉劝他们，要做个普通学生，踏踏实实的在学校听老师的正课，不要东奔西跑，出头露面。最近，我又听到另一位大师的

惊人之语“科学界需要一个没有英雄的时代”，同出一辙。现在非常需要这样的大师和警言，来刹住浮躁之风。

陈先生的第二句话“数学没有那么多大奖真是幸运”也实在高明。看看报刊，记者咄咄逼人，盘问诺贝尔奖何时落在中国。文艺界更是热闹，他们几乎天天在颁奖，特别是中国电影一再跟奥斯卡奖擦边，更令国人喘喘不安。好像没有得奖就抬不起头挺不起胸。谁能安心工作？特别是在学校不潜心学习的那些青少年，更是梦想一觉醒来誉满天下。什么超女超男、红楼海选，只要碰上好运，就可以不劳而获，吃喝玩乐，无限风光。相比之下，做数学则很幸运。没有那么多东西引诱我们，只要做一天和尚撞一天钟，或者天天念经，必有所获。我想陈先生等大师，都生活得悠然自在，用不着到处联络，到处申报。

今天我们纪念陈先生，并不能获得他那样的成就，但需要他那样的精神。

我很遗憾，不像许多数学家那样有机会听到他的亲自教诲，写出肺腑之言，充满感情色彩。上面两段都是我从报刊上看到的，任何人（包括我在扬中县碰到的出租车司机）都能够讲出这些体会。那么，这就作为没有跟陈先生交往过的一般人的一个发言吧。

（作者为中科院数学与系统科学研究院教授、中科院院士、第三世界科学院院士）

我接触到的陈省身先生

王诗宬

许忠勤同志和新加坡世界科技出版社要我写一点东西纪念陈省身先生，踌躇少许后，我答应了。这是个很光荣但也不容易的任务。虽然我和陈先生见过数次，尤其是在他晚年回国定居后，但我和陈先生算不上有特别的交往。虽然1980春我在北京大学上过陈先生的微分几何课，并考了91分，但我始终不能算一个真懂微分几何的人。陈省身先生对微分几何和中国数学发展的重大贡献，会有许多更合适的人来讲。我就说几件耳闻目睹的小事吧。

先说两件与数学有关的，一定程度上反映了陈省身先生的数学口味。

1984年秋，我在伯克利参加低维流形年的活动，一次瑟斯顿到大学里作通俗演讲“什么是二维流形”。听众很多，换了两次报告厅，仍挤不下，最后改在室外进行。瑟斯顿（Thurston）在一个露天的台子上演讲，其实是表演，讲到曲面上的地震时，他用单腿在台上长期间的前后跳跃。陈省身先生当时已70多岁，名满天下，也跟在一大群年青人中从一个地方转移到另一个地方，一头白发，走得略有些吃力但仍很斯文，最后陈侧身坐在演讲台的台阶上，这个位子是由年轻人让给他的。这件事当然反映了这位老人身上的朝气，但更是反映了这位大几何学家对瑟斯顿工作的高度关注。事实上，早在1978年陈以“从三角形到流形”为题在中国和美国进行了一系列演讲中，便介绍瑟斯顿在三维流形上的工作。后来的历史验证了陈的远见。

大约是2000年，我去南开以“流形间的映射”为题作一报告。我从霍普夫（Hopf）构造的三维球面到二维球面著名映射谈起。陈省身先生打断我的报告发了一通议论，大意说霍普夫的映射现在已成了拓扑学教科书中的一个例子，但在1930年代可是不得了的大发现。强调例子的重要性和对霍普夫这类数学家的推崇似乎是陈一贯的态度。在1983年他曾写道：“霍普夫是一位能通过特款发现重要数学思想和新的数学现象的数学家。在最简单的背景中，问题的核心和难点，通常变得十分明澈。以这种方式解决几何问题是一种乐趣。霍普夫的巨大洞察力使这种探索能够导致严格的数学成果，并成为重要的进一步发展的起点。”

再说几件不太数学的事。

约在1986年，陈省身先生和夫人驱车到洛杉矶，参加美国数学会的一个会议，我记得陈是在一个分组会上作20分钟的报告。陈的报告非常生动，会场气氛极佳。一个大人物，在大会上作一个小报告，报告人和组织者都觉得很自然，在今天这个比较夸张的世界上，已很少见了。

在这次会议期间郑绍远老师设家宴接待陈氏夫妇，我作为加州大学洛杉矶校区的中国留学生也参加了。那时南开数学所刚开张，陈在为南开物色人物。席间陈问我以后是否有意去南开。我回答陈说我不是很合适的人选。陈便不再提此事。当时的确有很多更有数学才华，更年青从而更能追随时代步伐，并说学成后要回国的中国留学生。我觉得他们比我更合适去南开数学所专门从事数学研究和开创局面。尽管如此，1987年春夏，我还是辍学数月，到南开数学所参加由时任副所长的姜伯驹同志主持的南开低维流形年活动，在促进外国专家和中国学生的交流方面做过一点工作。

在我和陈先生不算很多的接触中，我觉得他是个情趣丰富、关注面较广、很细心和很有亲和力的长者。我曾在电视上做过一个通俗演讲“从打结谈起”。数月后见面时陈说：“王诗宬你在电视上的表演我看了，蛮好。”我曾收到陈的一封信，打开是一份从英文报纸上剪下来的文章，讲到大西洋－印度洋海盆中的布韦岛上探险的故事。陈还写了“附文供一笑，千万不要去。”大概是他听说过我爱好到世界各地去旅游。

2000年我在德国马普所访问，收到时任南开数学所副所长的张伟平同志的电子邮件，说陈先生很思念他留法时吃过的一种蜜饯，叫“马洪格拉赛”。方便时请我买一盒带回。此后只要可能，岁末我会赠陈“马洪格拉赛”一盒。2004年冬天陈先生在南开去世时，我正在中国东北的漠河，家中尚有一盒未送出的法国蜜饯。

（作者为北京大学教授、中科院院士）

留在伯克利的记忆

田刚

又坐在伯克利校园里了——MSRI的Geometric Evolution Equations and Related Topics项目几乎要横贯一年，我也因此在最近几个月当中陆陆续续在这里待了很长时间——只要走进这座校园，内心深处关于陈先生的所有记忆和怀念就会在刹那间悉数涌上心头。

最初的回忆要追溯到20多年以前陈先生在南京大学做的那场演讲了。那既是我初次见识已经声名卓越的陈先生，也是我初次领略奥妙无穷的微分几何。以先生的学术造诣和声望，当时在我们这些学生的心目中，微分几何就是陈省身，陈省身就是微分几何。因此那一天陈先生的讲演吸引了许多人，但我想我可能要算是那几百位听众里唯一一个在先生的介绍当中对微分几何萌生了最初的兴趣，并继而将之作为自己的事业与追求的人。像所有八十年代初的大学生一样，那时的我求知若渴然却远未看清方向，而就是在这次演讲之后，我开始去了解微分几何和拓扑学，即使后来在北大读研的方向是偏微分方程和泛函分析，也一直保持着对微分几何浓厚的兴趣。当然，那个时候的我完全不会想到，在未来的日子里，在我的数学生涯和微分几何之路上，将有机会一次又一次地得到陈先生的指点和帮助。

想起来真是十分幸运的，仅仅时隔几年，我就在伯克利第一次近距离地和先生有了交往。1984年，我得到了一个赴美攻博的机会，在加州大学圣地亚哥分校师从丘成桐先生，主攻微分几何。1987年，求学正酣的时候，我有幸得到先生的邀请，到伯克利他所主持的一个微分几何讨论班上做了一次演讲，主题是构造正数量曲率的凯勒－爱因斯坦度量。这是当时的一个热点问题——自1976年丘先生解决了卡拉比猜想之后，关于正数量曲率的凯勒－爱因斯坦度量的存在性就一直被数学界所关注，很多著名数学家都研究过这个问题，但直到1986年，还没有出现任何具有正数量曲率的并且无对称性的凯勒－爱因斯坦度量的例子。受在北京大学师从张恭庆先生时学到的关于尼温伯格问题研究的启发，我引进了一种构造这种度量的有效方法，并在1986年夏将自己的结果投稿给了《数学发明》。我的演讲结束之后，陈先生夫妇意犹未尽地邀请我和数学系的几位教授共进了晚餐，席间我们继续热烈地探讨我们共同感兴趣的凯勒－爱因斯坦度量以及其它一些数学问题。事实上，演讲前后在伯克利访问的那些天里，我还有机会到先生家里做客，多次深入地探讨了一些数学问题，先生甚至对我发出了毕业以后到伯克利工作的邀请，这些都令我感到非常的荣幸和激动——对一个刚刚踏上数学征途的年轻学生来说，微分几何在我的眼里趣味万千，但心里多少却也有些迷茫忐忑，而与先生的这次初交令我受益良多，他热情的鼓励给了我最初的信心与信念，在以后很多年的研究工作中始终鼓舞和伴随着我。

说来真是不无遗憾，在后来的许多年里，陈先生还曾多次邀请我到伯克利工作。伯克利几次给了我很好的职位和机会，我知道这与陈先生的关爱是分不开的。1994年，我再次收到了伯克利的邀请，陈先生还带着我和太太一起拜见了当时伯克利的校长田长霖先生。能在陈先生身边从事数学研究对我来说是一件很愉快的事情，但由于许多原因，我最终还是没有离开东岸，但先生的指点和关怀从那个时候开始，就始终伴随着我。10来年里，经常在重大的人生选择之前，我都会电话与先生商量，听他的意见。1991年，还在纽约大学石溪分校做副教授时，我同时收到了纽约大学库朗所和哥伦比亚大学的通知，两个学校都给了我职位。是继续留在石溪，去库朗所，还是到哥大？举棋不定之际我又打了电话给陈先生，想听他的建议。先生说三所学校都很好，石溪有很强的几何学家，库朗正在建立微分几何组、并且有一流的分析方向和微分方程方向的数学家，而哥大则拥有一个一流的数学系。但他没有直接下结论，只是讲“无论在那里，最重要的是能够解决一些数学问题，尽管你研究的问题现在不那么流行，但是在20多年以后或许仍旧有用。”陈先生一直是这么对我说的，而他自己一生的数学之路，也就是这样坚韧地走下来的，他在50多

年前引进的陈示性类等重要概念，如今正在数学的许多领域当中被广泛的引用。事实上，陈先生的这些话，直到今天还牢记在我的心里，影响着我的一些人生选择。在整整10来年的交往当中，他很多次对我强调“你应该去对你的数学最有帮助的地方”，而这个对自己做数学最有帮助的地方在哪里，他又总是留给年轻人自己去判断和选择。

坐在伯克利三月的阳光里回想往事，许多细节犹在眼前，而陈先生却已经离开。关于先生的记忆其实还有很多，我的数学之路能够走到今天，陈先生给了我非常重要的熏陶和影响。因此，每当走在伯克利的周围，尤其是坐在伯克利数学系的Evans Hall和MSRI里头，处处能够让我想起陈先生。像是1998年那次国际会议，我们就是在这Evans Hall的地下一层等陈先生来开会，先生做事非常认真，他说要来就一定会来，可那天却迟迟未到，我想一定是有什么事情，心里便很不放心，出去一看才发现电梯因故停开了，而87岁高龄的陈先生正拄着拐杖，艰难地一个台阶、一个台阶下楼梯，令我万分震动；还有一次，也是来MSRI参加研讨会期间，我同陈先生约好去他家里看望，结果却把车钥匙给忘在租来的车里了，无奈之下只好电话陈先生，告诉他我可能得晚点到，没想到陈先生却同夫人一起来到了我住的旅馆，开车带我去出租车公司取回了钥匙——那时候他也已经是80多岁的人了，对年轻人这样细微亲切的关怀，让我非常的感动和惭愧。

自先生回南开定居以后，我再到MSRI来的时候总感觉像少了些什么。05年之前，所幸每年还能在国内相见，直到先生辞世前的那个夏天。那一次，我像往常一样去探望陈先生，我们也像往常一样促膝长谈，他很感兴趣地问起佩雷尔曼关于庞加莱猜想和三维流形的几何化的工作，我就讲了佩雷尔曼证明的一些细节以及其中怎样利用里奇流来进行“手术”，他进而谈到了自己关于六维球面上是否存在复结构的研究。第二天早上吃早饭时，除了数学之外，先生跟我谈到了有关南开数学所新的扩建和发展，并问起我未来的打算，我们还深入地聊了一些关于如何促进国内数学研究发展的事情。告辞先生时，他邀请我参加那年8月计划在北戴河召开的一个小型会议，可惜会议后来因为他的日程安排而被取消了。也正是因为在这次长谈中先生的视野和思路还是这么开阔与清晰，先生关心的问题和想做的事还有那么多，我才万万没能想到，这一面，竟就是我与先生的永辞！此刻，再回想起这些，陈先生的许多话犹似还在耳边——先生虽然已逝，但先生的教诲和先生的希望，过去、今天和未来，总是要一直在我心里的，鼓舞和激励我认真坚定地走下去！

（作者为北京大学讲座教授、美国普林斯顿大学教授、中科院院士）

受教于陈省身先生的一段往事

孙以丰

从1947年秋到1948年底，我有幸在陈省身先生主持的中央研究院数学研究所（筹备处）学习和工作，能与陈先生近距离接触。陈先生替姜立夫所长（筹备处主任）主持日常工作大约始于1946。回忆将近六十年前的这一段经历，有些事情就如发生在昨天一样。当然不可避免，更多的事情被我遗忘或忽略了。

1946年起，陈先生在数学所筹备处就很着力于培养和提携青年人。据我所知1946–1947年短暂或较长时间参加过讨论班，在拓扑学方面有兴趣的人至少有吴文俊、张素诚、陈国才、周毓麟等人。而吴文俊在这一年之内从初次接触拓扑学到作出为*Ann. of Math.* 所接受的论文，这样的成绩确实令人难忘。

1947年春夏，陈先生筹划招一批青年人到数学所（筹备处）学习或进修拓扑学。起初，北大江泽涵先生推荐廖山涛去。当时在北大任助教的马良和我闻讯后请江先生也推荐我们俩。经江先生同意，又为陈先生同意，这次北大去的为3人。浙江大学1947年刚毕业的林兟、贺锡璋，四川大学1947毕业的陈杰、陈德璜也加入了这个行列。马良1945年毕业于中央大学。年轻人当中只有上海大同大学毕业的周毓麟是唯一一个上一年就在所里工作的，他和吴文俊在上海参加和组织过数学爱好者们的业余活动。此外还有我在浙大时的同学叶彦谦，他偶尔来听陈省身先生的讨论班，主要在浙大陈建功教授的指导下研究几何数论方面的问题。1946年毕业于浙大的杨忠道则晚一年于1948年夏被推荐到数学所学拓扑学。

按中研上层的安排，数学研究所筹备处于1948年春（大约4月份前后）从上海迁往南京，先借用物理所几间办公室，并开始建造自己的办公楼。那时住宅已初具规模，高级研究人员宿舍楼是几座二层小楼，每层两户。单身青年人住在一座集体宿舍楼里。这些建筑都分布在南京太平门内称为九华山的地区，距名胜鸡鸣寺不远。

实际在所里工作过的高研不多。胡世桢先生在英国曼彻斯特大学获得博士学位后即应聘来所。迁所之前，在上海就有他的办公室。王宪钟先生是陈先生在西南联大的学生，与胡世桢在曼彻斯特同学。他来所较晚，直接来到南京。李华宗研究员在宿舍楼住过很短一段，因身体不好去香港就医。

1947年8月下旬，我与廖山涛从天津乘船由海路到上海。那时的中研数学所筹备处位于岳阳路靠近枫林桥的一座大楼内。楼内还有中研的另外几个单位。

陈先生对我最初两周的安排是作Alexandroff-Hopf, Topologie书上的习题。这本书第五章集中了一批问题，陈先生要我在两周内尽可能的写出解答给他看。接着，陈先生拿了三篇微分几何方面的文章（照相复印本）让我看。现在只记得其中有一篇长文是S. Cohn-Vossen, Kurzeste Wege...。但我的微分几何基础很差，几天后只好向陈先生说抱歉。

人到齐了讨论班就开始，每周大约两三次。主要由陈先生讲组合拓扑学的基础知识，持续了大约3–4个月，从同调的概念直到流形上的Poincare对偶定理。另一个头是由马良报告Hurewicz-Wallman, Dimention theory。这是当时学习拓扑学的一本很好的读物。每个青年人按导师们的安排学习并在讨论班上报告一些拓扑学论文。我第一次在讨论班上报告的是由陈先生指定的W. Hurewicz and N.E. Steenrod, Homotopy relations in fiber spaces. PNAS 27 (1941), 60–64。廖山涛和周毓麟比较成熟，较多时间钻研自己选定的题目，参加讨论班的时间不多。

胡世桢先生来所后所作的最初几次报告是他关于相对同伦群的一篇综述性文章。胡先生后来与马良，陈杰接触较多。王宪钟先生1948年夏才到所。他讲过几次李代数与李群的基本知识。

N.E. Steenrod, Product of cocycles and extension of maps一文刚在*Ann. of Math*.上发表，陈先生就感觉到重要，立即写信给

Steenrod先生索求抽印本。陈先生在信上签了名，并让讨论班成员有兴趣者也签上名。过了不久收到回信，Steenrod先生慷慨地寄了十来份抽印本来，使得我们每人都能得到一份。N.E. Steenrod (1910–1971) 是与陈先生同辈的杰出拓扑学家。

那个时期在国内获得资料是很难的。陈先生和胡世桢先生从他们搜集到的抽印本中选出一些重要的拿到上海龙门书局影印并装订成册，书名为*Papers on algebraic topology*。主要包含了1940年代同调、同伦以及应用方面的文章，还收录了H. Whitney关于微分流形的重要文章。书名中的形容词algebraic还费了一番思考，陈先生主张追随S. Lefschefz，这才定下来。

中研数学所筹备处迁到南京不久就结束了筹备阶段，正式成为中研的一个研究所。此时，陈先生和胡先生也开始推动青年们考虑一些问题。陈先生多次同贺锡璋讨论某些特殊旗流形（flag manifold）的上同调乘积，比Grassmann流形更广一些。当我读了N.E. Steenrod, Classification of sphere bundles, *Ann. of Math* 45 (1944), 294–311之后，陈先生根据他在微分几何方面的经验，觉得可以有更一般的结果，即可以推广到比sphere更一般的fiber去。我们在一起讨论过几次，我也写过几段草稿，最后由陈先生定稿投到*Trans. Amer. Math. Soc.* 审稿人就是Steenrod；他不隐蔽姓名，直接来信给陈先生阐明了意见。信中首先指出文中不妥，需要修改之处；接着告诉我们已有几位拓扑学者得到我们的全部结果；特别，他自己正在写的一本书里将包含这些结果；最后很客气地说不反对我们投稿。不久，陈先生离开南京去美国，没有机会再讨论。

1948年秋，蒋介石的精锐主力部队在南京以北的苏、鲁、豫、皖战场连遭败绩，几乎被全歼，眼看南京不保，中央研究院在南京的几个研究所开始紧张地考虑去向。高层的决定由陈先生宣布，全所人员分为三种可能，由个人志愿和主管意见相结合而决定。随所主管及图书迁台湾的为胡世桢、王宪钟、廖山涛、杨忠道、陈杰。马良虽是单身，但有较重的家庭经济负担。我的情况也差不多。所以我们二人经上面批准作为留守南京人员。其余的人则愿意回家。陈先生原来计划1949年去美国任教，此时提前于1949年1月成行。

数学所的小办公楼这时已经竣工，但来不及进驻，一直空着。直到1949年3月末被一支由江北撤来的地方保安队强占。没几天他们也逃之夭夭了。

1949年夏秋，北平清华大学数学系主任段学复先生将这批人中留在大陆的多数聘为清华教员，计有周毓麟，陈德璜，贺锡璋，马良和我。林兟去了南开。陈杰为了完婚从台湾经广州飞回成都，不久为北大聘用。叶彦谦仍回到浙大。

我是在去中研数学所筹备处前一年第一次认识陈先生的。1946年夏，我已接了北大的助教聘书正在上海候船北上。我的一位高班同学许海津也在上海候船去美国留学。许年长我十岁。从他那里我知道了拓扑学具有光明前景并且我曾经化大力气去读他送给我的一本 *Alexandroff-Hopf, Topologie*（上海龙门书局影印本）。一天，许对我说：“我们去见见陈省身吧。”于是，没有事先约定，便直奔陈先生寓所登门拜访。陈先生对不速之客并没有表现不悦，反而兴致勃勃地大谈数学。临别时陈先生送给我们每人两份抽印本。一本是 Riemann 流形上的 Gauss-Bonnet 定理的内蕴证明，另一本是关于复向量丛的示性类（即后来著名的 Chern class）。这两份陈先生成名之作的抽印本在我这里珍藏了四十年后转赠给虞言林。许海津向陈先生作自我介绍时说了一句："Mr. 孙读过 *Alexandroff-Hopf, Topologie*。"或许就是这一句话使我一年后能被陈先生接受。

我在大学一年级时便知道西南联大有一位杰出的青年数学家陈省身。第一次见到陈先生留下极深的印象，觉得他不仅数学好而且是个有雄心，有魄力的人。后来又有一段时期能够直接受到陈先生的亲切教诲，每每回想起来觉得是人生一大幸事，仿佛又燃起了青年时代的激情，不可思议！

（作者为吉林大学教授）

我所敬仰的陈省身先生

沈一兵

我是浙江嘉兴人，中学就读于嘉兴秀州中学（那时名为嘉兴第二中学）。当时就听人说，嘉兴出了一位大数学家，名叫陈省身，是搞“橡皮几何”的，也是秀州中学校友。这是我最早知道的陈先生。

1980年春，陈先生在北京大学用中文开设研究生课“微分几何”，我有幸聆听他深入浅出的生动演讲，茅塞顿开。这是我第一次见到陈先生。为了尽快改变我国数学在国际上的落后面貌，同年8月，先生创导并亲自主持了在北京召开的“第一次国际微分几何和微分方程学术讨论会”，简称“第一次双微会议”，更简称“DD1”。我又有机会到了北京。会议期间的一天中午，我

在北京友谊宾馆门口，突然看见先生从里面出来。正当我有些茫然而不知所措时，先生已直呼我名，并亲切地称我“小同乡”。这样一位国际大师，竟如此和蔼可亲，真使我这个无名小辈受宠若惊。我被先生的崇高人格魅力和平易近人态度所深深吸引！

1985年春，先生和夫人应邀来杭州，对当时不是教育部直属的杭州大学进行造访和讲学。先生作了“关于纤维丛”的学术报告，并和数学系的师生们进行座谈，提出要做“好的数学”。这对浙江的高等教育事业产生多么大的鼓舞和影响啊！先生在杭期间，抽一天去嘉兴探亲。他为了不兴师动众，只要求学校派一辆小车，由我一人陪同。我心里有点紧张，深感责任重大。中午时分，我们进入了嘉兴市区。先生突然对我说：“我们不要去打搅人家，就近随便吃一点算了。嘉兴粽子不是很有名吗？”就这样，我们在嘉兴“五芳斋”粽子店十分简单地吃了一餐。然后再到他表妹家，当晚返回杭州。先生这种俭朴低调、入乡随俗的精神，使我终身难忘！

同年夏天，我有幸去美国圣地亚哥加州大学，参加由丘成桐教授主办的“微分几何暑期学校”。学期结束后，先生邀我途经旧金山，到他所在的伯克利加州大学顺访。他安排了一位研究生专门接待我。期间他带我参加他们的学术讨论班，参观他一手创办起来的美国国家数学研究所（他是第一任所长），让我用他的办公室，带我到位于旧金山海湾边的他的家里……。一位享誉世界的国际数学大师竟如此礼贤下士、热忱好客！后来我听说，先生对每位拜访他的人都如此热忱好客，不论是已负盛名的大家，还是不谙世事的小辈。

1988年，由于先生的推荐，我获得去德国柏林工业大学访问三个月的机会，但来回的路费要自己解决。这给我出了一个难题：如何解决这笔路费？正当我进退两难的时候，先生又伸出了援助之手：他让我申请“王宽诚教育基金”。由于我当时所在的杭州大学不是教育部直属大学，而“王宽诚教育基金”一般是给教育部直属大学的。因此我感到希望不大！正当我焦虑不安时，有一天突然接到通知，来杭州大学开会的南开大学副校长胡国定教授找我。我马上去见他。他说他受陈先生的委托，告诉我已申请到“王宽诚教育基金”，要我直接到北京国家教育部去领款。我的国际旅费就这样解决了。据说，先生常对国内出访学者作出类似的帮助。

先生回国定居南开大学后，我有更多机会见到他。1999年9月，先生夫妇来杭，期间我有幸跟随先生到嘉兴秀州中学出席“陈省身铜像揭幕仪式”。他在欢迎会上谦逊地说：“其他事情我做不来，只会做数学！”他热情鼓励青年学生，不仅要学好科学知识，而且要学好外语。他建议学校要聘请好的外籍教师，并当场捐资3千美金给秀州中学。在他的带头下，查济民先生（嘉兴海宁人，香港实业家，“求是”科学基金出资人）和夫人也当场各捐资3千美金。秀州中学校长喜出望外，私下对我说，陈先生真了不起！回杭后一天，先生夫妇在杭州“知味观”设晚宴招待王斯雷先生夫妇及我和我家人。陈太太说，她就喜欢吃杭州的“东坡肉”！他俩那种热情好客、平易随和的举止，让我们深深感动！谁知次年1月，陈太太竟在天津寓所与世长逝，这给先生带来莫大的悲哀！

2001年9月，先生应邀来浙江大学讲学。他坐着轮椅分别到西溪校区和玉泉校区作精彩报告。所到之处，备受热烈欢迎。期间我陪他到嘉兴探亲。嘉兴市政府和嘉兴学院都隆重欢迎他，并邀他游览水乡古镇——乌镇。乌镇的民居保持着白墙黑瓦的原状，四通八达的小河流贯小镇。当轮椅推在乌镇的小街上时，他说：“这些情景太熟悉了，我的童年就是在这样的环境下度过的。”回到嘉兴市区，我们看望了先生童年的故居，那里已变成了一家工商银行的办事处，并命名为“嘉兴市工商银行陈省身办事处”。门上挂一铜牌，上书：“数学家陈省身出身地”。先生看后十分欣慰。我想先生是何等爱国爱家呵！

自上世纪九十年代起，先生大力提倡对芬斯勒（Finsler）几何的研究。简单地说，芬斯勒度量就是不仅与空间的点有关而且与该点的各个方向有关的一种度量。研究芬斯勒度量空间的几何就称为芬斯勒几何。他把他在四十年代发现的芬斯勒几何的一种联络重新加以精炼，使测地线理论在芬斯勒流形上同样成立，从而大大推动了整体芬斯勒几何的发展。现在，这种联络已被称为陈（省身）联络。我在先生的鼓励和熏陶下，也开始学习和研究芬斯勒几何。2004年8月10–14日，我协助先生在南开大学举办国际芬斯勒几何会议。先生坐着轮椅带头作学术报告，并且每天参加，仔细听取各位代表的报告。出席这次会议的国内外学者，包括青年研究生竟有80多人，大大超出我们的预料。当时的南开大学校长侯自新教授对我说，真想不到芬斯勒几何的研究已形成了如此大的“气候”啦！在会议中，先生对我说：“来自东欧国家（如匈牙利、罗马尼亚等）的代表都比较贫困，我愿意拿出一点美金来补贴他们。”这使东欧国家的代表十分感激。我想，先生真是宽宏大度，心里装的不仅是中国的数学工作者，还有全世界的数学工作者！

2004年4月，先生坐着轮椅来到杭州，造访由丘成桐教授创办的“浙江大学数学科学研究中心”。他一连作了三个学术演讲，其中一个面向青年学生的演讲，听众达千余人。演讲结束后还回答学生的各种问题，气氛极为热烈。当天中午，他坚持要到学生食堂和学生共进午餐。就这样，他在校长的陪同下，到学生食堂，吃学生一样的饭菜。他说他什么都喜欢吃。饭后，许多学生要求与他留影，他不顾疲惫，一一满足学生的要求。我怕先生太累，尽力劝说他早些返回住所。这次访问期间，他还参加由几位年轻数学家发起的“西湖论坛”，开幕式放在嘉兴的南湖边举行，其含义不言自喻。第二天，我跟随他到他的表妹家吃晚饭。先生和他的表妹都坐在轮椅上，与他表妹一家围坐一圈，气氛极为亲热。先生有说有笑，享受天伦之乐。临别之时，他表妹一家再三要他明年再来，先生也表示明年一定再回来。谁知这竟是先生最后一次回嘉兴探亲！

2004年12月3日19时14分，我所敬仰的陈省身先生在天津仙逝，享年93岁。噩耗传来，犹如晴天霹雳。我们失去了一位最好的师长，世界失去了一位伟大的数学家！先生一身荣耀，德高望重，无与伦比。但先生礼贤下士，仁爱为怀，团结一切。他淡泊名利，“粪土当年万户侯”。先生所到之处，总是其乐融融！

先生虽然永远离开了我们，但他的音容笑貌和高尚情操永远留在我们的心里！

（作者为浙江大学教授）

对陈先生的点滴回忆

沈纯理

陈省身的名字我最早是从苏步青先生那里听到的，那时中美关系还没有解冻，报刊上也不可能提及。五、六十年代我在复旦大学本科后期主修微分几何专门化，那时我们是学局部微分几何，一开始基本上不涉及流形的拓扑性质。我们念了一些30年代的微分几何学家试图将高斯–邦内（Gauss-Bonnet）公式推广到高维黎曼空间的文章，但这些文章未能解决这个问题，而且文中的计算十分繁杂，不容易看懂。苏先生告诉我们说陈省身先生在1944年就彻底地解决了这个问题，开创了整体微分几何的研究新领域，而且在课间休息及课后还和我们几何专门化的学生闲聊了他在解放前和陈先生交往的不少逸事。所以从那时开始在我心中

就树起了陈先生高大的学术形象。但在当时这种大人物是可想而不可及的，因为在那时候你压根儿想不到以后会有机会到西方去留学、访问，也不可能想像在西方的学者会到大陆来学术交流，尤其这个学者仍然还是台湾中央研究院的院士。文化大革命开始后，在数学方面，几何学尤其成为批判的主攻对象，我也被分到工厂，和工人、工农兵大学生在一起搞理论联系实际，抽象的微分几何理论书籍也被我塞入箱底多年。

1972年尼克松来华访问后，中美关系开始解冻。突然有一天复旦大学校方通知说陈省身先生要来我们数学系访问，听了他的讲演后还要和陈先生一起座谈。当时的心情一方面很意外，也很高兴，能有幸一睹大师风采，但另一方面想想微分几何的书已经有七八年没有碰了，万一座谈时陈先生问我一个具体的几何问题，那我作为一个号称是学微分几何的人将会无地自容。于是乘陈先生来访前的几天内，把箱底的几何书翻出来恶补了几天，迷迷糊糊地就去听陈先生的报告。陈先生的报告真是精彩，活动标架、外微分形式在他手中玩得得心应手、运用自如。而且陈先生的报告给人的感觉是，那些看上去高深莫测的理论一旦从他嘴里讲出来就显得如陈先生本人那样十分平易近人。在座谈时陈先生完全像是和人家聊家常那样讲了很多当时国际数学前沿研究的动态以及他和一些西方数学名家之间学术交往，这对我来说是前所未闻的。

从那次来访以后，陈先生来华访问不断，几乎每年都有机会聆听他的讲演，这也激起了我继续研究整体微分几何的志向。他的报告中时常有在书本上找不到，但是非常有价值的精粹话语。譬如说，有一次报告中陈先生说微分几何其实很简单，你想要证明一个几何结论，无非就是想要证明某一个等式或某一组等式成立，也就是相当于要证明一个几何量（函数或张量）为零，而要证明一个几何量为零就等价于要去证明这个几何量的范数为零，所以你只要去计算这个范数的Laplacian，如果你能设法推出这个Laplacian恒正或恒负，那么在流形是紧致的情况下这个范数就一定是常数，从这里再去进一步论证这个常数实际上就是零往往就比较容易了。

文化大革命结束后，学术活动恢复正常，和陈先生见面的机会就很多了。我就回忆几件看上去是点滴小事，但对我来说却是感触很深的教诲。

1981年6月在西德波恩大学举行Arbeitstagung学术讨论会期间，会议组织与会者游览莱茵河，陈先生夫妇也一起参加。在中途上岸步行至景点时闲聊谈及学术演讲前应该如何认真准备，我说像陈先生那种水准就不必准备，脱口讲出来就行了。陈师母就讲：不对，陈先生每逢要上课或讲演前，即使再熟的内容，当晚一定会为第二天的报告作认真的准备。

现在在饭馆中吃饭后剩菜打包带回已经比较常见了，但在七、八十年代一般并不打包，怕被别人认为太寒酸相，尤其桌上有贵宾时更是如此。但那时如果和陈先生夫妇同桌进餐，陈师母一定会让同桌者将剩菜打包带走。她说陈先生他们在美国到饭店聚餐后剩菜一定会打包带回，不然就是浪费。

陈先生在提携后进、年轻人方面有数不尽的事例，我本人也有幸得到过直接的帮助。1981年在西德Obwolfach召开的德国微分几何会议上我见到了陈先生。因为与会者中只有我们两个中国人，所以这次我有机会和陈先生有较多的接触。他在学术上给了我很多指点，也告诉我他近期在想些什么课题，使我得益匪浅。陈先生一点大师的架子也没有，和他讲话没有一点心里压力，只是想如何尽多地吸收他在谈话中所涌现出来的养分。1987年他向日本数学家村上信吾（Murakami）教授推荐我参加日本微分几何学年会，与会的中国人有四个：陈先生、项武义先生、彭家贵和我。通过这次学术交往，我也结识了好几位日本同行，对此后的学术研究起了很大的作用。

有两件事我有愧于陈先生。

1986年我去南开数学所参加微分几何方面的学术活动。期间有一天，胡国定先生说晚饭时让我和陈先生一起用餐，其实是陈先生、胡国定先生、虞言林和我四人聚餐。当时我正在考虑从复旦大学转到华东师范大学去工作。吃饭时，陈先生就动员我到南开数学所去工作。我当时说在上海家有八十五岁老母要照顾，可能来不了，就推辞了。还有一层没有讲出的想法是舍不得离开上海。辜负了陈先生对我的厚望。

陈先生早年曾利用活动标架的理论，以外微分形式为工具开创了芬斯勒（Finsler）几何的研究新思维。九十年代初陈先生希望有人能沿着这条思路去进一步深入研究和发展整体芬斯勒几何学，陈先生开始也希望我能朝这方面去发展。不过我当时的研究兴趣已从比较抽象的基础理论研究逐渐转到偏向应用方面，所以没有积极响应陈先生的号召。

现在想起这两件事来，常有愧意。不过我想陈先生在天之灵大概也会宽恕我的吧！

（作者为华东师范大学数学系教授）

感念陈省身先生

忻元龙

陈省身先生的大名，我在学生时代已经多次听到。苏步青先生说他是南方人，但是身材魁伟，风趣的称陈先生是“南人北相”，还告诉我们陈先生研究整体微分几何，将几何，拓扑，分析，代数融为一体。

我第一次见到陈先生是1972 年金秋时节，在上海国际饭店的座谈会上。真为他的大家风范和睿智谈吐所折服。

1979年夏天我第一次访问Berkeley三个月，期间参加了为纪念陈先生退休的微分几何国际会议，大会上有很多国际一流数学家的演讲，深切感受到陈先生作为一代数学大师的广泛而深远的影响。期间，和陈先生有更多的接触。陈先生送我两本书：

"*Complex Manifolds without Potential Theory*"，"*Minimal Submanifolds in a Riemannian Manifolds*"。原来他还打算送我一本刚出版的"*Shing-Shen Chern Selected Papers*"，我告诉他我已经有了，杨振宁先生已送了我一本陈省身选集。后来又收到陈先生亲笔签名的"陈省身文选"，"陈省身传"等赠书。现在看着这些陈先生亲笔题字赠送的书，他的亲切教导有时会跃然纸上。回想起来，陈先生的有些观点深深地影响了我，如"第二变分公式往往会出好的定理"，"数学做不出就推广"等等。

十年以后，1989年8月，我再次到Berkeley，访问陈先生退休以后创办的数学科学研究所五个月。这一年是拓扑年，我主要参加数学系的几何讨论班，也应邀在讨论班上报告我自己的研究结果。陈先生曾是他创办研究所的第一任所长，但这时也已退了下来，但他还常到所里来，也常参加数学系的几何讨论班。这五个月中我和陈先生有不少交往，并得到他很多指点。

1991年6月，陈先生又一次访问复旦，给我们作Finsler几何的学术报告。他多次启示我，希望我做Finsler几何的研究。但我当时另有感兴趣的问题在做，同时也没有看到Finsler几何的奥妙所在，因此，对陈先生的多次暗示并未给予积极的回应。回想起来，很感内疚。前两年，我有一个博士后吴炳烨，他对Finsler几何很有兴趣。我们一起将Riemann流形中的各种比较定理都推广到Finsler流形。作为这些比较定理的应用，推导了Finsler流型中第一特征值的下界估计，也将Milnor关于基本群的结果推广到Finsler流形。这些工作在陈先生去世周年之前完成，我也在南开举行的周年纪念会上做了报告，以此告慰陈先生的在天之灵。

陈先生在抗战胜利以后，1949年去美国以前主持中央研究院数学研究所的工作，在上海生活过一段时间。陈师母对上海五芳斋面馆情有独钟。那一年，我陪他们两位老人到南京路五芳斋面馆吃面，重温他们往昔的岁月。也陪同陈先生去吴良材眼镜店配眼镜。营业员被两位老人的风采所折服，向陈先生请求名片留作纪念。陈先生缓缓的拿出仅写有“陈省身”三个大字的名片提过去。我第一次看到这样的名片，感到极大的震撼。

我最后一次碰到陈先生是2002年夏天在南戴河举行的“京津几何工作营”上。那时陈先生虽然已坐在轮椅上，行动有所不便。陈师母也已故去。但陈先生看上去精神依然很好。他有时早餐能吃两个鸡蛋，令我十分惊讶。我在会上做了“共形紧流形上上同调群消灭定理”的报告，这是我和香港中文大学温有恒教授的合作。陈先生听了报告后对我说：“你讲的东西很有兴趣，你们的工作和Alice Chang的工作有关系吗？”陈先生的问题说明他思维依然敏捷，依然关注数学的发展。

陈先生说数学很好玩，他从小玩到老，玩得如此娴熟，炉火纯青，玩得与欧几里得，高斯，黎曼，嘉当齐名；陈先生玩的是源于西方文化的现代数学，但他的玩法，他的为人处世常常闪耀着中国文化的精萃，令西方人倾倒，令中国人自豪！

（作者为复旦大学教授）

陈省身和他的《微分几何讲义》

陈维桓

20世纪的几何大师陈省身先生离开我们已经两年多了。但是他留给我们的数学，他对“好的数学”孜孜不倦的追求，他对年轻数学家的扶持、指导和鼓励，他为振兴中国数学所做的努力，将会一直激励我们在数学创新的道路上不断地前进，去实现他使中国成为数学大国的理想。在这里，通过回忆陈省身先生20世纪80年代初在北京大学开设微分几何课程，以及撰写和出版《微分几何讲义》的过程，可以体会到他对引领中国现代数学发展的良苦用心。

我们的国家在1980年前后迎来了科学的春天。百业待兴，数学教育和研究事业同样处在重新起步的阶段。陈先生对这种情况了

如指掌。在中美关系解冻之后，陈先生在1972年和1974年两次到国内访问和讲学，在“文革”的大环境下，为数学和基础理论研究重新在中国扎根吹进了一股清新的春风。特别是在1977年陈先生再次回国，开始认真地考虑复兴中国数学的计划。作为该计划的主要环节，在1978年大批知名的华裔数学家回国访问讲学，在1980年陈先生在北京大学开设“微分几何”基础课，同时请P. Griffiths在中国科学院数学研究所开设“李群”课程，并且同年十月在北京召开微分几何、微分方程国际会议。这样的考虑是深谋远虑的。因为陈先生了解到在文革的十多年间，中国的数学研究停顿了，数学研究人才出现严重断档，因此他的建议是切中要害的。陈先生的“微分几何”课实质上是他在芝加哥大学和伯克利加州大学所开设的流形论、联络论课程的翻版，意图就是把培养中国新一代数学研究人才的基础置于公认的国际水准之上。双微会议的目的则是邀请国际一流的专家来引导中国数学的研究，并且建立中国和国际数学界的联系。

在“微分几何”课开始之前，陈先生和北大的有关人士见面，并商讨课程的安排，出席的人有江泽涵教授、吴光磊教授等，我和其他几位年轻的同志作为工作人员也列席了见面会。我们大家对陈先生都不生疏，因为在他回国讲学时，我们多次聆听过他的教诲，并且学习过他的不少论文。然而，我们这些无名小辈和著名的几何学家陈先生面对面坐下来交谈确实还是第一次，激动的心情是不言而喻的。陈先生对我们的关心使我们十分感动，特别是他提到能够在一起工作也是一种缘分。在见面会上，江先生提出希望陈先生在讲课之后能够把讲义整理一下、并且在北京大学出版，我们这些负责做笔记的年轻同志可以帮助整理。陈先生欣然同意这种做法。

陈先生的“微分几何”课是应北大、南开和中科院三个单位的邀请而开设的，除了正式注册的学员以外，还吸引了全国各地的数学工作者来听课。北大第一教学楼101教室是当时学校里最大的教室，可以容纳2百多人。每次上课，教室里连过道都坐满了听众，正是盛况空前。助教的工作包括辅导和记笔记。每次课后，负责做笔记的同志当晚就把笔记整理出来，尽快地刻成油印讲义发给每位学员（当初学校里还没有复印机）。这次课结束之后的一个成果就是大家手中都有一本陈先生的讲课笔记。陈先生多次讲过，听学术报告之后不要只是鼓鼓掌。所以他提出，这次历时7周的课要有期中和期末两次考试。考试题是陈先生亲自出的；考试成绩最好的前三名能够得到陈先生的赠书作为奖励。陈先生带来几本关于微分流形和微分几何的原版书，其中Hicks的《*Lecture Notes on Differential Geometry*》由我提议、并经陈先生的同意作为北大图书馆的藏书收藏，另外几本就作为奖品了。

在课程结束之后，确定由我进行整理。原因大概是我已经经过两年再读研究生后即将留校，协助吴光磊先生工作。另外，吴先生在整理讲义过程中是最称职的顾问。还有一个因素大概是，在1962–1964年间，吴先生亲自给我们上过流形论、活动标架法和黎曼几何课，采用的就是陈先生在芝加哥大学的油印讲义〈Differentiable Manifolds〉的讲法，我还保存着吴先生的讲课笔记可供参考。由于当年10月在北京要召开双微会议，陈先生届时还要来主持会议，所以我和陈先生商定，在吴先生指导下赶紧

把全书的目录和大纲拟订出来，并试写第一章，在陈先生回到北京时可以交给他审阅。在陈先生审定目录和大纲之后，我就按照大纲一章、一章地写，每完成一章，我就给陈先生寄去，由他修改、订正，或提出修改意见，最后再定稿。在1981–1982年，我们的通信很频繁，主要是讨论书稿。

陈先生的讲课总是十分精彩的，能够把听众的注意力吸引到关键点上。但是，要把他的演讲记录稿演绎成书稿，需要在逻辑系统上进行推敲，在细节上作补充，而且这样的加工又不能失去陈先生的直接明了的风格，确实是困难的。好在有陈先生的诸多著作可以参考，其中最主要的是他在芝加哥大学的油印讲义〈Differentiable Manifolds〉。这本讲义可以说是后来所有微分几何教材的蓝本，它首次明确地叙述了微分流形的理论，广泛地使用了外微分式和外微分，并且用它来表述联络的概念。当1983年我在伯克利加州大学进修时，在数学系图书馆里发现该讲义一直是借阅率很高的图书，直到现在还拥有众多的崇拜者。可以毫不夸张地说，这本讲义在美国孕育出好几代微分几何学家，并且对美国许多著名大学的微分几何课产生巨大的影响。另一本参考书是他的专著《*Complex Manifolds Without Potential Theory*》，这也是一本重要的著作，非常简明地叙述了复流形、Hermite流形和Kähler流形的理论，并且阐明了Hermite联络，证明了Nevanlinna定理。陈先生在审阅大纲时提出，需要增加“李群”一章。早在1940–1941年陈先生在西南联大就开设李群讨论班和李群课，但是我没有他关于李群的讲义可以参考。于是，按照陈先生的建议，借鉴Griffiths在中科院讲授的李群课。还有，吴光磊先生在我们的讨论班上讲授李群的笔记帮了我很多忙。我相信，吴先生所讲的“李群”肯定受到陈先生在西南联大的课的影响，比如李群的Maurer-Cartan形式的定义实在是十分精彩的。我所体会的陈先生的用意大概是，一方面李群是活动标架法的基础，另一方面李氏变换群在主丛理论中起基本的作用。所以最后我们在“李群和活动标架法”这一章里把重点放在李氏变换群和活动标架的基本定理上面。

陈先生阅读书稿是十分认真的。按照陈先生的精神，我们在书中把要讲的概念都落到实处。比如，在讲到联络时，我们直接用单位分解定理构造微分流形上的联络。一般联络的构造稍微有点繁，陈先生来信质疑，我就把详细的验证过程写了一遍给他寄去，才得到他的首肯。这种认真精神还体现在专门请他的好友吴大任先生和田畴老师审阅书稿。吴大任先生接受陈先生的嘱托，非常认真地通读了全书，并且提出了许多宝贵的意见，改进了书稿。田老师在审阅书稿的同时，还把陈先生的重要论文“欧氏空间中的曲线和曲面”翻译成中文。陈先生同意将该译文作为《微分几何讲义》的附录。

对于《微分几何讲义》的成功整理，吴光磊先生的功劳是不能抹杀的。除了吴先生在过去按照陈先生的讲义和思想，把流形论、联络论、活动标架和外微分法教给我，使我有胆量担当起整理陈先生讲课笔记的重任以外，在我具体的整理过程中吴先生还严格地把关，每一节、每一章都首先要经过他的认可，然后才能交给陈先生审阅。比如，在第一稿时，我没有特别突出外微分和联络的局部性讨论的重要性，吴先生对此提出了批评，于是我精心地修改了这部分书稿。确实是这样，流形论的主要观念就是要处理局部和整体之间的关系。虽然单位分解定理提供了构造整体定义的数学对象的途径，但是外微分和联络的局部性质才能保证它们能够用局部坐标来表示，因此我们在书中对此作了详细的解说。事实上，初学者在读书读到这里时，对于外微分和联络局部性的讨论仍然会感到困惑不解，只有在反复揣摩后才会有一些体会。

书稿完成之后，由陈先生亲自给书起名，并且撰写了“微分几何的过去与未来”作为代序。这本身是一篇十分重要的文献，简要地叙述了微分几何的发展历史，指出了流形论的意义和价值，对当前数学的研究和教学有深刻的指导作用。第二个附录也是陈先生要加进去的，意在强调微分几何和物理学的密切联系，指出了当前微分几何研究的若干重要论题。陈先生特意要我在代序的最后添加一段，把为他的“微分几何” 课服务过的同事名字一一记下来，这充分体现了他仁慈宽厚、平等待人、提携后进不遗余力的人格魅力。

《微分几何讲义》正式出版之后，得到不少好评，使我稍许放心一点，总算没有给陈先生造成麻烦。此后头几年，在陈先生回国访问和讲学时，见到我并且在谈到《微分几何讲义》时，总不会忘记说一句“这是你写的”，而我则每次都会由衷地回答道：“不，不，这是您的书，是您的数学。”确实是这样，书由谁执笔并不重要；要紧的是创造这部分数学的人——陈省身。《微分几何讲义》在1983年12月由北京大学出版社出第一版，1990年由台湾联经出版社出繁体字版，1999年由新加坡World Scientific出英文版，最后在2001年10月由北京大学出版社出第二版。在英文版和中文的第二版中，增加了一章“Finsler几何”，是由陈先生亲自执笔写成的，内有陈先生所发明的在Finsler流形射影化切丛上的Chern联络，以及由弧长的第一变分公式和第二变分公式导出的大范围黎曼几何定理，说明它们在Finsler几何的情形下依然是成立的。这些内容有深远的意义，揭示了陈先生在他逝世前十多年间反复强调和提倡研究Finsler几何的原因。到2006年1月，《微分几何讲义》已经在国内印了46,000册，可见它拥有很大的读者群。有部分读者可能是慕名而读的，但是多数读者肯定是想了解这部分数学。这本书影响了全国高等学校的数学教学，特别是微分几何方面的教学，普及了微分流形的基础知识，普及了联络论的初步知识和外微分法，对我国的数学和物理学的研究工作有很大的推动作用。陈先生的课及其讲义强调它作为现代数学研究的基础。无论是对于培养我国新一代数学研究人才，还是推动我国的数学研究较快地跟上国际水平，陈先生的决策是正确的，后来的实际发展情况完全证实了这一点。

在《微分几何讲义》定稿时，陈先生认为该书稍显简略。这个评论是我后来写作《微分流形初步》的动力。在执笔写《微分几何讲义》时，我尚无教学经验，我也不可能脱离陈先生的讲课内容任意发挥。在该书出版后的前几年，我在北大开设研究生的微分几何课，一直以该书为教材，听课的学生每年都在 百名左右。我逐步地积累了阐述该书的讲稿，补充了习题，于是在北大正式形成了研究生的“微分流形”课，在该课程之后又另外开设了“黎曼几何引论”课，这样在北大就有了培养数学研究生的比较合理的、系统的几何课程。《微分流形初步》就是北大的“微

分流形”课的教材，由高等教育出版社在1998年出版，并且在2001年被教育部研究生工作办公室推荐为全国研究生数学教材。如同该书的前言所说，这本书应该认为是陈先生的《微分几何讲义》的演绎和解说，是我们在北大实际讲授《微分几何讲义》的经验的产物。

在这里，我愿意说一下陈先生对我的导师吴光磊先生所展现的善意和关怀。陈先生多次提到过在西南联大有一批得意的学生，吴光磊先生是其中的一位。而且吴先生是后来追随陈先生在国内做大范围微分几何研究、并且有成绩的数学家。吴先生是极其推崇陈先生的，他在20世纪60年代开设几何课程以陈先生的讲义为主要内容，指导研究生所选择的课题都是陈先生的论文为主要参考文献。吴先生最重要的研究论文“示性式的超渡”，是陈先生的历史性文献“在闭黎曼流形上Gauss-Bonnet公式的内在证明”的推广，是他在20世纪50年代主持的研究项目“联络论”的成果。在吴先生身后，我在整理他的藏书时发现，吴先生保存了陈先生的全部论文的抽印本，是陈先生陆续寄给他的。回想到解放以后、改革开放之前内外交流的困难程度，这几乎是一个奇迹，也说明了陈先生对吴先生和国内的数学研究工作的关切。在陈先生的论文选集出版之前，能够收集到他的全部论文是一件非常罕有的事。陈先生在吴先生逝世后首次回国讲学时，我与李安民和陈先生谈起吴先生患病和过世的情况，他表示十分惋惜，当即把待发表的关于“超渡”的论文拿过来写上“纪念吴光磊教授”，要我转交给吴先生的夫人张秋华教授表示对吴光磊教授的怀念。几年后，陈先生在天津定居。在有一次我去看望他之后，他特意要我转达邀请张秋华教授在方便的时候去天津到他家里做客、叙旧。在吴先生逝世十周年时，我们计划出一本纪念文集，陈先生欣然答应了我们的请求，饱含深情地写了一篇回忆文章。

听到陈先生逝世的消息时，我正在访问Oklahoma大学。原本我打算在元旦过后回国，然后去天津探望他老人家。这不幸的消息，使我十分悲痛。我不能亲自为陈先生送行，只能和魏诗曙教授联名发传真吊唁，并嘱托马辉替我献上一束鲜花表示我的敬意和哀悼。在回国途中，我在伯克利作了短暂停留。沿着伯克利校园内陈先生带我散过步的小径，在Evans Hall前，在MSRI楼前，在他请我吃过饭的许多餐馆前，我的脑海里涌现出陈先生亲切的音容笑貌，回忆着他的谆谆教诲。陈先生的晚年把他的全部精力放在中国数学的复兴上面。他的“微分几何”课和《微分几何讲义》是他为此做出努力的开始。陈先生永远是我们的偶像和榜样。我们将继续他的事业，为中国数学的进步而努力工作。

（作者为北京大学数学科学学院教授）

追忆陈省身大师

李安民

我第一次见到陈省身先生是1978年夏季，陈省身教授应邀到中国科学院数学研究所做关于活动标架法方面的系列演讲。当时我刚被北京大学数学系录取为研究生，师从吴光磊先生从事微分几何方向的学习与研究。陈省身教授是20世纪最伟大的几何学家，这我早有耳闻。听说陈先生要到科学院数学研究所做系列演讲，兴奋不已，每次都早早的赶到科学院。陈先生首先介绍了Cartan的活动标架法，进一步介绍了用活动标架法研究子流形、Sine-Gorden方程和Backlund变换以及仿射微分几何。陈先生的报告深入浅出，并一直强调原始思想的简明性以及活动标架法的强大力量，不时地还幽默一、两句，如介绍到子流形时，陈先生

说这样的空间太复杂，大家都不愿意生活在这个空间中。陈先生的报告给我留下了深刻的印象，激起了我浓厚的兴趣，可以说是陈先生讲的活动标架法将我引进了现代微分几何研究的大门，至今我还珍藏着这份油印的讲稿。

第二次见到陈先生是1980年春季，陈先生应邀为北京大学数学系的研究生开设微分几何基础课程。由于我和陈维桓都是微分几何专业的研究生，被安排做课程的辅导工作。这门课的听者甚多，包括当时来自全国各地的许多优秀青年数学工作者，大家都渴望借此机会掌握现代数学研究的基本工具，了解国际数学研究的动态。文化大革命十年的动乱使中国的数学研究与世界研究前沿产生很大的差距，很多人对连络、纤维丛、流形等概念都感到陌生。虽然在此之前我已经阅读过一些相关专著，但对其思想方法仍然不能很好理解。陈先生将连络、纤维丛、流形等抽象概念讲解得清楚易懂，令我茅塞顿开，真有“听君一席话，胜读十年书”之感。由先生讲课内容整理出版的教材《微分几何讲义》已成为当今数学研究生的基础教材。

先生和蔼可亲、平易近人，时刻关怀着后辈数学工作者的成长。1985年我申请德国的洪堡基金到德国研究访问，等我成行到达德国柏林技术大学后，我才得知此次成行得到了先生的竭力推荐。柏林技术大学的数学家Udo Simon教授对我讲，当时他正在Berkeley访问，在和陈省身先生谈话时提到了我申请洪堡基金的事，先生随即竭力推荐，并亲自写了一封推荐信给基金会，介绍我的工作，使我能够顺利成行。我从心里非常感激陈省身先生，在以后我和陈师母提及此事时，陈师母说不必感谢，陈先生就是这样的一个人，关心和支持每一个成长中的年轻人。

先生虚怀若谷的胸怀拉近了后辈学者和他的距离，消除了面对先生忐忑不安的心理。以后我每次到美国访问，都争取到Berkeley拜访陈先生。每次陈先生都让师母亲自来接我，并设家宴招待我。师母年事已高，视力又不好，还亲自下厨，令我十分感动。还有一件让我终身难忘的事，那一次陈先生邀请我到休斯顿大学去做报告（陈先生的女婿当时在休斯顿大学工作）。其间，陈先生请我出去吃烧烤，当时陈师母刚在医院做完白内障手术，听说我来了，也要来看我。我请休斯顿大学的一位中国藉教授送我去餐馆，阴错阳差把地点搞错，我们去了不同的地方。两位年迈的老人，行动很不便，折腾了几小时，虽然没能见到面，但他们这样盛情待我的心意，我一直记在心里。陈先生是国际上的大数学家，学问好，人品好，关心和支持年轻一辈的成长，并把他们当做朋友一样看待，我想也正是先生这些高尚的品德赢得了全世界数学同行的尊敬和爱戴。

1994年，我在陈先生的安排下到Berkeley访问了半年，和陈先生见面聊天的机会比较多。每次和先生见面，先生都要谈到如何将中国的数学搞上去，如何帮助国内的年轻数学工作者成长。事实上，先生也一直在一步一步的去努力实现，这是有目共睹的。先生一再提醒我，做研究要有自己的想法，不能一味地跟着别人后面做，要选择基本的问题，开辟自己的研究领域，做原创性的工作。他谈到他刚开始从事数学研究时，微分几何并不是世界数

学研究的热点。今天我们可以看到，经过先生几十年的努力，微分几何已经成为国际数学研究领域的主流方向。针对我的研究特点，先生多次谈到整体仿射微分几何、复投影几何，遗憾的是我还一直没有涉足复投影几何领域的研究。

陈先生还从整个中国数学事业发展的角度考虑全国数学研究的合理布局。为了促进西部数学事业的发展，专程到四川大学一趟和柯召院士商讨西部的数学事业的发展，可惜的是当时我正在国外访问，未能在成都见到先生。本世纪初先生曾计划再次来四川大学访问，由于各种原因未能成行，这也成了四川大学数学学科的一大憾事。不过先生的精神还在，先生的思想还在，先生未了的遗愿我们将努力去完成。

安息吧，陈省身先生！

（作者为四川大学教授）

怀念陈省身先生

龙以明

陈省身先生是一代数学大师，又是南开数学研究所的创始人。1988年来我有幸在他领导的数学所工作，当面聆听他的教诲，受益颇多。他对我在工作、生活上的鼓励与关心至今历历在目。

1987年我在美国威斯康星大学（University of Wisconsin-Madison）获得博士学位后应瑞士苏黎世联邦高等理工学院（ETH）数学所所长Joergen Moser教授的邀请，1988年1月1日来到ETH做博士后研究。在那里我常常有机会与Moser教授一起聊天、共进午餐。那时Moser教授就常常对我提到陈省身先生，回忆他与陈先生的愉快合作。

1988年夏天，苏黎世高工与我合作的Eduard Zehnder教授和我在威斯康星时的博士导师Paul Rabinowitz教授等一起在ETH组织了庆祝Moser教授六十寿辰的学术会议。为此陈先生和夫人也来到了苏黎世。那天我正在所里与Zehnder教授讨论问题，听到同事们说陈先生来了，我和Zehnder赶快来到所办公室，见到了一位身材高大的老人正在与Paul谈话。那是我第一次见到陈先生，他穿一身浅色西装、系领带，拄手杖，精神矍铄，嗓音洪亮。陈师母着一袭浅色旗袍，十分谦和慈祥。我先用汉语与陈先生和师母打了招呼。他们立刻改用汉语与我对话。陈先生问我“你是从大陆来的？”我告诉他们我是在威斯康星获得博士学位后来苏黎世做博士后的。陈先生怕陈师母没有听清，就向她解释说：“他是Paul的学生。”陈先生简要问了我在麦迪逊和在苏黎世学习和工作的情况。Zehnder特别向陈先生介绍了我在ETH与他合作的工作，给了很好的评价。陈先生听后很高兴，又问我博士后结束后的打算。我告诉他准备回南开工作。他很高兴、回过头对陈师母说“他要回南开去”。他特别嘱咐我在他离开苏黎世前与他详细聊聊。第二天我到陈先生的办公室去看他，向他详细介绍了我的数学工作。他饶有兴致地问了许多问题，特别鼓励我回到南开后继续科研工作，做出有自己特色的成果来。

离开苏黎世那天我陪他和师母一起去机场。在机场我们又聊了很多，虽然那时中国的经济有波动，他对中国的发展仍然充满希望，对中国数学事业的发展更充满信心。他谈到中国人是聪明勤奋的，是有数学传统和天赋的。他对当时在欧美留学的一大批中国留学生寄予厚望，还谈到21世纪中国的数学事业一定会有很大的发展。

与陈先生的第一次交往使我终生难忘。在国际数学界享有崇高威望的这样伟大的一位数学家，却是如此谦和、平易近人，对年青后辈给予如此多的关注、鼓励和支持。

1988年10月底我到南开数学所工作后，陈先生每次回到南开都要与我谈话，询问我工作生活的情况。我回国后除教学工作外一直致力于非线性Hamilton系统和C. Conley与E. Zehnder所发展的Maslov型指标理论的研究，并且把他们关于非退化道路的指标理论推广到了退化道路的情形。为了寻求解决Hamilton系统理论中的几个重大问题的方法，1990年我又开始了关于辛道路的指标迭代理论的研究。陈先生知道后建议我再到ETH访问合作、深入学习。正是在陈先生的鼓励下，1991–92年我再次到ETH访问，进一步集中精力认真研究了Maslov型指标理论及其在非线性Hamilton系统研究中的应用。这段时间的学习对我后来在辛道路指标的迭代理论方面取得突破起到了关键的作用。

1996年秋季，我到美国访问。其间陈先生和Alain Weinstein教授邀请我到Berkeley访问并做关于指标迭代理论的学术报告。那天上午陈先生邀请我先到他家里，一起谈了很多。陈先生家里十分俭朴，他的客厅里摆满了各种论文材料和书籍。不时有电话来找他。他一面有条不紊地安排着各种活动，一面与我促膝长谈，征求我对南开数学所进一步发展的意见，向我介绍Berkeley的情况。中午陈先生和师母邀我出去吃饭然后去Berkeley数学所和数

学系。师母打趣地提醒先生带上法宝。她向我解释说中午吃饭时停车不容易找到车位，陈先生的残障人停车证就是解决停车问题的法宝。下午我在数学系做了报告，陈先生亲临会场听完报告后又问了一些相关的问题，给了我很大鼓励。

2002年初我开始担任天津市数学会理事长。为了推动天津市数学研究和教育的发展，每次天津市数学会举办学术年会，我都邀请陈先生为大家讲话。陈先生很愿意与天津各校的老师同学接触，每次都慨然应允。陈先生的讲话是每次年会活动的核心，他广征博引、画龙点睛为大家介绍数学的历史、数学的发展、数学的未来，鼓励年青人投身数学事业。陈先生的报告会场总是座无虚席。报告后老师和学生们踊跃提问，气氛十分融恰。2004年11月天津市数学会举办年会，因担心他的身体健康受影响，原来我与陈先生商定只讲五至十分钟。那天陈先生谈到了他博士后时的老师数学大师Elie Cartan的生平和轶事，特别深情地回忆了他与Cartan的交往，谈到Cartan淡泊名利执着于数学研究的精神，鼓励大家发扬光大这种精神，为数学事业的发展做出更好的成绩。陈先生谈到兴头上、一直讲了二十分钟，大家听得津津有味。中午陈先生又兴致勃勃地与大家一起共进午餐，了解天津教育的发展。

陈先生一直十分关注数学各个领域的发展。我在数学所组织召开的分析方面的学术会议他也很感兴趣，以九十高龄，还常常过来听报告，不时提出问题。2004年6月我组织了关于Hamilton系统与天体力学的国际会议，他特地要了报告的日程表，听了不少报告。2004年11月澳大利亚国立大学的汪徐家教授在南开数学所组织召开了偏微分方程研讨会。一次听完报告后，陈先生提出了一个非常尖锐的问题，他认为仅仅局部地研究偏微分方程的解是没有前途的，而应该从整体的角度来思考和提出问题。虽然那天的讨论没有得出一致的结论，但陈先生对数学研究的执着和对如何研究数学问题的思考，给了每个在场的人极大的震撼。

陈先生离开我们已经两年多了，先生的音容笑貌仍然记忆犹新，先生的大家风范、对学术的执着精神和高尚的人品永远铭刻在我心中。他的谆谆教导将永远激励我脚踏实地为数学事业和祖国的发展努力做出自己的贡献。

（作者为南开大学陈省身数学研究所教授）

在南开数学研究所建所二十周年暨陈省身先生逝世一周年纪念会上的发言[1]

(2005年12月3日)

张伟平

各位专家、各位领导、同志们、朋友们，

大家好！首先，我代表南开数学研究所，向参加这次会议的各位来宾表示衷心的感谢！

今天，我们聚集在南开数学研究所省身楼，纪念南开数学研究所建所二十周年暨陈省身先生逝世一周年，心情很不平静。大家都知道，南开数学研究所的创建和发展是与陈省身先生分不开的。现在，南开数学研究所已经走过了二十年的奋斗历程，而陈先生也离开我们整整一年了。此时此刻，我们更加怀念这位慈祥、

[1] 根据冯惠涛教授撰写的初稿修改而成，特此致谢！

睿智的老人，怀念和他朝夕相处的那些美好时光，更加怀念他为中国数学、为南开数学研究所做出的巨大和不朽的贡献。同时，我们也深深地怀念为南开数学所的创建和发展做出了杰出贡献的那些已经故去的数学界前辈，南开数学所将永远不会忘记他们！这里我还要向在过去二十年来一直给予南开数学所坚定支持的国家教育部、国家科技部、国家自然科学基金委、天津市委、市政府和南开大学等领导单位，向过去二十年来资助过南开数学所的国内外友人及基金会，向支持和帮助过南开数学研究所的国内外研究机构、兄弟院所及数学界的广大同仁表示我们最真诚的谢意！

今天的另一件大事就是经上级批准，南开数学研究所将更名为“陈省身数学研究所”。今年九月底，江泽民同志来南开数学所视察时，亲笔为这个新的所名题了字。陈省身数学研究所这个名字，既是对陈先生的一个十分恰当的纪念，同时也体现了党和政府对陈省身先生所做贡献的高度肯定。在此我们衷心希望各位专家、领导和同志们能够一如既往地继续关心、支持和帮助陈省身数学研究所的进一步发展。

下面我受陈省身数学研究所的委托，向大家简要汇报我所二十年来的发展情况，同时也就陈省身数学研究所下一步的工作计划做一说明，真诚希望在座的各位专家、领导和同志们能够积极建言建策，提出宝贵意见。

一、南开数学研究所的创建

南开数学研究所是陈省身先生在胡国定先生的全力协助下，于1985年正式挂牌成立的。但是创建这个所的动机要追述到更早的时候。

中国数学自立于世界数学之林是陈先生一生的追求。1972年，中美关系刚刚解冻，陈先生就重返祖国大陆进行学术访问，给当时处在与外界隔绝状态的中国数学界带来了一股清新的空气，直接影响和推动了整体微分几何及相关领域在国内的起步和发展。十年动乱一结束，陈先生又不失时机地向他的至交好友吴大任先生、吴文俊先生表达了将他的未来岁月贡献给祖国数学事业的想法。面对当时中国数学的状况，陈先生认为，要从根本上增强中国数学的实力，就必须在中国自己的土地上建立起能独立培养高级数学研究人才的基地。中国数学的目的，是谋求平等和独立。

动乱结束，百废待兴。如何更好地发挥陈省身先生这样一位世界级数学大师在恢复和发展中国数学中的作用，实现他报效祖国的宏愿，在那个困难的非常时期，显然需要巨大的努力和高超的智慧。为此，胡国定先生不辞辛劳，多方奔走、呼吁，最终在当时的党和国家领导人、特别是邓小平同志的支持下，1983年9月，“中央引进国外人才领导小组”批复了原国家教委根据胡国定先生的建议所提出的报告，正式聘请陈省身先生为南开数学研究所首任所长。

在南开数学研究所的运作问题上，陈先生是有着明确想法的。他始终认为南开数学所要办成开放的所，南开的数学活动应该能够让全国受益。根据陈先生的想法，吴大任先生归纳出了“立足南开、面向全国、放眼世界”这十二字的南开数学研究所办所方针。作为这个方针的一个重要体现就是在南开所创建伊始，就成立了由来自于国内不同单位、从事不同研究方向的著名专家组成的南开数学研究所学术委员会。另一方面，出于对数学与物理传

统联系的深刻了解、对数学未来发展方向的远见卓识，陈先生又于1986年在南开数学所设立了理论物理研究室，聘请到了杨振宁先生担任该室的首任主任。理论物理研究室是南开数学所的一个十分重要的组成部分。葛墨林院士为该室的发展进行了卓有成效的工作，长期领导了这个研究室的研究活动。

方针有了，但真正做起来困难还是很多的，甚至是巨大的。首先面临的就是开展学术活动的地点和经费，以及图书资料的建设等。从1981年到1987年这6年间，陈先生与南开数学所的副所长胡国定先生密切配合，解决了一个又一个的难题，终于为南开数学所的起步和发展奠定了一个坚实的基础。南开数学研究所的原办公楼、南开数学图书馆以及为开展学术年建设的谊园招待所相继建成。在当时国家整体经济困难的情况下，可想而知他们在其中付出了多少努力和心血！

二、南开数学研究所二十年的发展历程

1. 南开数学研究所的学术活动

十年动乱，中国数学与国际主流严重脱节，研究生的指导力量极度匮乏。如何尽快培养起一大批青年才俊、使他们尽快担当起中国数学复兴和发展的重任，是当时中国数学界面临的一个重大的任务。面向全国的南开数学研究所学术年活动，就是在这个背景下产生的。从1985到1996连续的十余年间，南开数学所分别就偏微分方程、几何拓扑、调和分析、概率统计、代数几何、动力系统、计算数学、复分析、非交换代数、组合数学等学科相

继举办了学术年。举办学术年的指导思想就是充分利用南开数学所的现有条件，就数学的某个研究领域，集中该领域中全国最优秀的专家学者和国际上最活跃的著名数学家，对来自于国内各地的青年教师和研究人员、硕士和博士研究生进行“集体指导”。具体做法是上半年先由国内专家介绍该学科的基础知识，下半年再由国外学者就该方向的前沿课题进行系列讲座。这种方法之所以能够行得通，主要是因为陈先生崇高的学术地位和伟大的人格魅力所致。同时，国内兄弟院所和著名专家学者的大力支持也是不可缺少的。实践证明，南开数学所的学术年活动取得了巨大的成功，对中国数学后来的发展产生了深远的影响。现在，活跃于海内外数学界相当多数的中国的中青年数学家，都曾受益于南开数学所的学术年活动。

到了1996年，中国数学的整体水平已经有了相当程度提高，各兄弟院校的数学人才培养能力大大增强，南开数学所的学术年活动已经完成了它的历史使命。从这个时候起，在第三任所长周性伟教授的领导下，南开数学所的活动主要转到了自身建设和面向国际的学术交流方面。

二十年来，南开数学所学术活动不断、人员往来频繁，主办了多次有重要影响的大型学术会议，如“21世纪中国数学展望学术交流会”、“海外留学人员国际研讨会”、“纪念周炜良、陈国才国际会议”、历届“求是”奖获得者学术报告会、第21届和第23届“理论物理中的微分几何方法国际会议”、“国际数学家大会微分几何卫星会议”等；接待了众多来访的国内外数学家，促进了中国数学家与国际同行之间的学术交流和合作研究。正是由于陈先生的影响，南开数学所的国际知名度大大提升，许多国外数学家干脆就称南开数学研究所为ChernInstitute。

2. 服务全国的南开数学图书馆

图书资料对于数学研究有着极端的重要性。陈先生对此非常重视。为了在南开建立起一个服务于全国、馆藏丰富的数学图书馆，陈先生付出了很大的精力。

南开数学所建所初期，经费非常紧张。即便如此，数学所每年都要拿出经费的绝大部分用于图书资料的建设。根据胡国定先生的回忆，在订购书刊时，为了能够得到较优惠的价格，陈先生曾几次去信与出版社协商。陈先生除了将自己的全部藏书捐赠给南开数学图书馆外，还积极利用他在国际数学界良好的私人关系，得到了很多好友的赠书。到目前为止，南开数学所在图书杂志上的投入，累计接近2500万元（人民币），长期订购外文期刊250余种、中文期刊100余种，另有全文电子期刊230余种；馆藏外文原版书27000余册、中文书1250余册。南开数学图书馆自创建以来，一直坚持面向全国的宗旨，为全国数学工作者提供了良好的服务。目前南开数学图书馆已经成为国内最好的数学图书馆之一。

3. 南开数学研究所研究队伍的建设和取得的成果

在陈先生的感召和亲自关怀、培育下，南开数学所逐渐形成了一支稳定的、高水平的研究队伍。

目前，南开数学所共有研究人员14名。其中，中国科学院院士1名，第三世界科学院院士1名，教育部长江特聘教授4名、讲座教授3名，跨世纪和新世纪人才3名。

多年来，南开数学所的研究队伍奋发进取，取得了一批有重要国际影响的研究成果。他们的研究论文大都发表在国际著名的学术刊物上，受到了同行们的高度评价并被多次显著引用；他们中多人曾应邀在国际高级别的学术会议上作报告，在国际数学界有着相当的知名度。由于他们杰出的研究成果，这个研究集体的成员们还获得了国内外多项重要的学术奖励和基金资助，其中包括国家自然科学奖二等奖一项、何梁何利科技进步奖一项、第三世界科学院数学奖两项、联合国教科文组织青年科学家奖一项、陈省身数学奖两项、长江学者成就奖一项、香港求是基金会杰出青年学者奖5项、国家自然科学基金委杰出青年基金4项等。他们的辛勤劳动也得到了社会的承认，获得了多项重要的荣誉，其中包括全国先进工作者荣誉称号一项、中国五四青年奖章一项、中国十大杰出青年一项、香港柏宁顿中国教育基金会颁发的孺子牛金球奖一项、全国教育系统劳动模范二项和天津市特等劳动模范多项等。

南开数学所的研究人员还特别注意研究生的培养，在这方面一直坚持了高标准。多名硕士、博士研究生的研究成果发表在国际著名的学术刊物上，荣获了包括教育部颁发的全国优秀博士论文奖二项及中国数学会颁发的钟家庆奖二项在内的多种奖项。

南开数学研究所在重视研究生培养的同时也注意到了作为研究生的生源——优秀本科生的培养。如南开大学数学试点班就是陈先生提议、经教育部批准并由陈先生亲自创办的。南开数学研究所与南开大学数学学院密切合作，通过严格遴选、因材施教，南开大学数学试点班工作取得了极大的成功，从该班出来的很多同学现在已经成长了。如现任南开数学所教授、博士生导师的朱朝锋就是其中的一个杰出代表，（他与其博士导师龙以明教授合作的文章发表在了顶级数学刊物“Annals of Math.”上。他还获得了教育部颁发的优秀博士论文奖）。南开大学数学试点班被列入首批国家重点学科，还被教育部批准为“国家理科基础科学研究和教学人才培养基地”。

南开数学研究所已经成为国内能够独立培养高级数学人才的重要基地之一。

三、面向21世纪的陈省身数学研究所

2000年，陈先生获得了外籍人士在华永久居留资格，回到天津南开大学定居。在中美之间十多年的劳碌奔波之后，陈先生实现了他落叶归根的愿望。然而，就在回国定居手续办理的过程中，与陈先生相濡以沫60余年的伴侣陈太太郑士宁女士在南开寓所宁园平静仙逝。这个巨大的不幸没有击垮陈先生，因为他知道，还有很多重要的事等着他来做,他只能把悲痛埋在心底，他要为南开数学所和中国的数学事业鞠躬尽瘁、死而后已。

进入新世纪的中国数学较之二十年前发生了根本的变化。从事数学研究的人数大大增加，一代青年的数学家已经成长起来了。2002年的北京国际数学家大会标志着中国数学整体水平已经有了巨大的进步。但是中国要成为数学强国的路还很漫长。根据他大半

个世纪数学生涯的经验，陈先生认为："从发展的眼光看，为了吸引很多的世界级的数学家来南开，现在的设施是不够的。我们应该建设一个达到世界一流水准的、100年不落后的国际数学中心。只有当中国能够吸引到世界上最优秀的数学家前来工作的时候，数学强国的理想才能实现。"又是经过陈先生与胡先生的密切配合，南开数学研究所的新大楼——省身楼——在中央的大力支持下，特别是在江泽民同志的亲自关怀下，于今年8月建成并投入了使用。在8月份南开数学所主办的第二十三届"理论物理中的微分几何方法国际会议"上，与会的各国专家对省身楼的建设赞叹不已，同时也对中国政府重视基础科学的做法给予了高度评价。非常遗憾的是陈先生却于一年前的今天永远离我们而去了！他的逝世是南开数学所、更是中国和国际数学界的巨大损失。

陈先生去了。但正像吴文俊先生在去年陈先生的追思会上讲的那样，他留给我们的不仅是包括大楼在内的巨大的物质财富，而且还给我们留下了巨大的精神财富，那就是为我国数学事业顽强拼搏、至死不渝的精神。

面对省身楼，面对陈省身数学研究所，我们感到了一种巨大的压力和责任。进一步建设好陈省身数学研究所、更好地发挥陈省身数学研究所在实现中国成为数学强国过程中的作用，是我们面临的一个重大的任务。为此我们提出以下的初步想法：

我们将继续贯彻陈省身先生留下的"立足南开、面向全国、放眼世界"的办所宗旨，进一步提升陈省身数学所的国际地位。同时我们将充分利用陈省身数学所的现有条件，做好为全国数学界的服务工作。在这方面我们已经作了一些工作，例如我们今年

启动了南开数学研究所访问学者计划，目的就是促进数学研究的交流与合作。通过来自不同国家及地区、工作在不同领域及研究方向上的数学家们来访，进一步活跃南开的数学研究，为中国数学的进一步发展做出自己独特的贡献。在这一计划中我们还特别强调了对西部及边远地区的支持，例如我们在计划中专门为他们保留了一定数量的访问名额。这样做的目的就是要达到资源共享、特别是使陈省身数学所优越的研究条件和环境能够让全国受益，达到中国数学整体发展的目的。同时，我们也将大力支持各兄弟单位与陈省身数学所联合举办多方面的数学活动，促进相关数学的进步。以上只是我们的一些初步想法，我们诚挚地希望和欢迎大家在下午的座谈会上畅所欲言，提出更多更好的建议，帮助我们进一步做好这一极有意义的工作。一言以蔽之，在新的发展阶段，我们将尽最大的努力使陈省身数学研究所真正成为“服务南开、服务全国、服务世界”的一个基地。

陈省身数学研究所的发展离不开全国数学界的支持。最后，我们再一次衷心希望全国数学界的广大同仁们继续支持、关心陈省身数学研究所的建设和发展，为陈省身数学研究所的发展积极献计献策。让我们携起手来，为早日实现中国数学界著名的“陈省身猜想”——“让中国数学率先赶上国际先进水平”——而努力奋斗！

（作者为南开大学陈省身数学研究所教授）

悼省身师

方复全

惊闻仙师乘鹤去，华夏顿失不世才；
泪眼婆娑祭英灵，耳际犹绕叮呤音。

纤维几何辟广径，陈类联络奠算心；
陈氏－西蒙济后世，宇宙洪荒有几人。

二零零四年十二月三日晚六时许，在北京接到先生病危的急讯，我匆忙打车赶往车站，匆匆登上回天津列车后，旋即传来先生仙逝的消息，我惊呆了，想不到，数周小别竟成永诀。先生，我好想大哭一场，我多么希望这不是真的啊！在为您布置的灵堂，我再也无法抑制夺眶而出的泪水，透过模糊的双眼，凝视您的遗像，满脑子全是您的音容笑貌，仿佛又回到我第一次见到您时的情景。

那是在1985年南开数学所偏微学术年期间，初出茅庐的我有幸和一百多位师生在一个大教室里听您讲曲率与示性类。那么复杂高深的数学推导在您的指尖轻柔流淌，好像一个个蹦出的音符，大家仿佛是在听一场钢琴音乐会，在轻松的享受数学音符之美。您那睿智的眼神把每个人的思想凝固在数学的王国里，让人感受到数学的美妙。从那一刻起，我明白了复杂抽象的数学原来可以变得那么的简单。我暗下决心，将来一定要来南开，来到您的身边，好好的聆听您的教诲。

记得第一次单独见面是1994年夏季，您刚从美国回来，电话预约我第二天早晨到您的办公室面谈。我真的很紧张！我明白那是面试，因为那时我正要申请到南开数学所工作。我事先准备了一个晚上，想揣摩先生会问什么问题，我该如何应答。一夜辗转未眠，早上惴惴不安地按时到了您的办公室，一见面您却先和我拉家常，把我的紧张情绪一扫而空。转入正题后，我将一篇近作递给您，那是一篇关于四维流形拓扑嵌入方面的论文。您仔细地看了一会儿后，问我代数嵌入会怎么样，一下子把我给问住了，到现在我还记忆犹新。不过您大概对我的工作还有兴趣，所以很爽快地接受我到数学所工作，从此开始了我们十多年的交往，我因此有了经常向您学习的机会。从您那儿我学到了好多好多，不仅是数学，还有许多做人的道理。让我终身受益。真不敢想象如果没有遇见您，我的路又会怎样！

先生的学识令高山仰止，但待我们这些晚辈学生如同对待老朋友一样。记得1997年2月底，我正在Berkeley访问，住在奥克兰。本来不想打扰先生，所以要走的前一天晚上才打电话和先生道别问候。先生却坚持要我第二天到家里吃早饭后再走，感受到先生的盛情，我只好同意。一大早，师母亲自开车和先生来到我的住处接我吃饭。那时师母的视力不好，而先生已不能开车了，但视力仍很好，所以先生会提前告诉师母什么时候会有红灯。到家后，师母亲自下厨为我们做早点，看到我给先生和师母添了这么多的麻烦，我当时好后悔没早一点自己来。当时先生和我聊了好多他对南开数学所发展的设想，给了我无比的信心和鼓励。先生定居南开以后，我们的交往更是频繁了。每当先生有好酒时都会说："等复全来了再开好酒。"我也时常在出访回国时给先生买一瓶红酒。

作为二十世纪最伟大的数学家之一，先生一点没有学术权威的架子，相反处处表现得像一个普通的学者，在一些小问题上也和我们这些学生商讨，征求意见。记得您和我谈"六维球上复结构问题"，您用手指在空中比划，思绪是那么的清晰，连每一个小的上下标都说的一点不差。您和我谈"Poincare猜想"时，您对自己的观点是那么的自信，那对我是多大的一种激励呀！

每次和先生谈话都离不开数学，先生总是鼓励我去做一些别人不去做的原始问题。得益于先生的指导，自1996年以后，我逐渐把研究方向转移到与几何有关的拓扑问题上去，路子也开阔多了。

先生，每当翻看您的一张张照片，总好像又回到和您一起谈话、聊天、喝酒的情景。与您又一次做心灵的交汇，勉励我走

好自己的路。青青高山兮，泱泱江水！先生，愿您在天国一路走好！先生，我永远怀念您！

（作者为首都师范大学教授）

陈省身与中国数学强国梦

胡森

我是80年代初在合肥的外文书店里第一次见到陈省身先生的选集。他那优美而深邃的文章给我留下的印象好像在心灵里点上了一盏明灯一样，至今仍记忆犹新。我也从彭家贵老师那里间接了解到陈先生的一些工作，特别是活动标架法。当代有这样的华人数学大师，很令人自豪。在八四年北大的数学暑期学校里和友谊宾馆举办的沃尔夫奖庆祝会上，我见到了陈先生。他那深入浅出的报告很感染人，使人对数学，特别是几何产生无穷的兴趣。他认为向量丛的截影比函数简单，因为只要画一条曲线。他认为联络与曲率可放在高等微积分里头，因为他们非常基本而且可以被接受。这些真知灼见用如此简单明了的语言表达，令人回味无穷。

我从中科大毕业后，到中科院系统科学研究所做吴文俊教授的研究生，才知道德高望重的吴先生曾师从陈先生。我们和陈先生也算是有渊源了。不过，当时对陈先生创办的中央科学院数学研究所并不怎么了解。后来到美国才逐渐了解到陈先生的数学所仅两年的时间培养了吴文俊，陈国才，廖山涛，张素诚，周毓麟等众多国内外知名数学家。中国的数学在那时已经是世界一流。由于各种原因，陈先生的辉煌事业未能在中国继续，实在令人惋惜。有了这些了解，后来就明白陈先生对中国数学事业的执着与深情。当然，陈先生的事业在国外继续发扬光大，他也成为整体微分几何的鼻祖。当代数学家Atiyah, Singer, Bott, Hirzebruch, Griffiths, Lawson等人深受其影响，丘成桐教授作为陈先生的高足，在当代微分几何领域执世界之牛耳。

我后来在美国留学多年，深切体会到中国数学与国外的巨大差距。国内数学在主流领域工作的人数不多，能够有影响的更属凤毛麟角。绝大部分属于在别人工作的基础上做一些改进，别开生面的工作非常之少。（即使在海外，做开拓性工作的也不多见。）难道中国人在数学方面才能不够，或者是中国的环境不适宜做数学？陈先生以他的工作令人信服地回答了这一问题：在中国的本土上完全可以做出世界一流的数学工作。后来，华罗庚，吴文俊，冯康，廖山涛，陈景润等人的工作也继续证明了这一点。令人不解的是，改革开放后，物质条件改善了，数学研究反不如从前。这中间的原由令人深思。

我九十年代以来，经常有机会接触到陈先生，也常向他请教这方面的问题，得益甚多。在这里忆及若干，就教于大家。

陈先生一直认为要想做好的数学，一定要能欣赏好的数学，因此要培养对一流数学工作的鉴赏力。什么是好的数学是个见仁见智的问题。它可能解决一个重要的问题，也可能是发展一个重要的数学概念。总之由于它的出现，人们对于数学的认识前进了一大步。例如，陈先生关于高维Gauss-Bonnet公式的内蕴证明，联络（Ehresmann）及陈类的概念都是在数学发展上有重大意义的工作。我们要想做一流的数学，就必须置身于国际数学的主流中，能够充分地吸收和消化当代数学的新成果，并力争为其做出新的贡献。要做到这一点，加强学术交流非常重要。就像下棋要找高手一样，要做好的数学，不能孤立地做，一定要在世界范围内与好的数学家交流，相互促进，这可以是面对面的，也可以是通过文章及书籍交流。华罗庚先生曾强调弄斧到班门，也是这个意思。

数学专业众多，问题也是五花八门。如何选择自己的领域是个十分重要的问题。陈先生在一次会议上，曾和大家分享他的经验。他四十年代做微分几何的时候，该领域并不景气。有人认为已经没什么做头了。陈先生看到了拓扑的重要性并发展出一套整体微分几何。这些整体性质是建立在局部性质的深刻研究上，将局部不变量积分得到的。这些思想是微积分思想的自然扩展，成为当代数学和理论物理的研究的基本工具。陈先生认为，最好选择一个有前途，但又不是很热门的领域。这样里面的问题很多，竞争也不是很激烈，容易在里面做出重要的贡献。如何选择领域也是个见仁见智的问题。通常一个领域的发展周期为十五到二十年。经过众多科学家的挖掘和发展，往往只剩下几块难啃的硬骨头。若没有全新的想法，很难有大的突破。而一个新兴的领域，则充满了机会，新的想法与问题不断涌现，人们可以在里面大显身手。有些交叉领域，能为数学提供丰富的思想与问题，则可以历久不衰，例如理论物理就是这样一个领域。当然信息，金融，生物等也为数学提供大量的问题。

陈先生对于应用数学有独到的见解。他认为理论物理和数论是最好的应用数学。因为这两个领域充满了大量具体，深刻的数学问题，是各种数学的用武之地，也是数学新思想的重要源泉。陈先生的工作在这两方面，尤其是理论物理，有深刻的影响。陈类，作为向量丛的基本不变量，也表达电荷与磁荷。Chern-Simons 场论，Yang-Mills 场论，已成为规范场最基本的理论，在拓扑，代数，几何，高能物理和凝聚态物理中日益发挥重要的作用。我曾在 Witten 讲义的基础上，整理出了一本书阐述 Chern-Simons-Witten 理论。陈先生很关心，得知畅销国内外，很开心，并给了不少鼓励。陈先生对于新的数学及理论物理特别是弦论的发展，保持着浓厚的兴趣，非常乐意看到其发扬光大。

数学是一个连绵不断的事业，它的发展靠的是不断的更新与创造。陈先生是位创造力强并能引领后学到前沿做出创造性工作的巨匠。吴文俊先生的近作，把陈先生最初对他的指导一步一步，一点一滴地写出来，是研究数学家如何创造的重要文献。吴先生从只有点集拓扑的知识，一年内澄清了 Whitney 示性类乘积公式并发表在Annals上，可以说是数学史上的奇迹。这充分显示了陈先生指导的功力和吴先生潜质之深厚，国外许多拓扑学家都难以置信。陈先生指导的学生名家荟萃，风格迥异，他们都在陈先生的指导下，极大地发挥出他们的潜力。丘成桐先生锋芒毕露，开创了几何分析学科，所构造的Calabi-Yau空间为弦论的一块基石。陈国才先生独树一帜，发展出有理同伦理论。廖山涛先生木讷，不善言辞，对动力系统有独特的贡献。陈先生海纳百川，心胸开阔，既有深刻的洞察力，又对新事物保持浓厚的兴趣，和年轻人保持密切的接触，是位大教育家。这和他作为大数学家一样重要，是后人研究和学习的楷模。国内数学要持续发展，也要认真学习陈先生丰富的教育思想，花大力气培养年轻人。陈先生的努力和贡献，给我们留下许多宝贵的精神财富，它激励着我们，催我们奋进，愿我们能为早日实现陈先生的梦想尽绵薄之力。

（作者为中国科学技术大学数学系教授）

忆陈省身先生

王长平

时光飞逝，陈省身先生已离开我们两年多了。而留在我脑海中的许多关于陈先生的回忆，却越发清晰起来。

我初次听到陈省身先生的大名是1980年，那年陈先生来北大讲课，许多老师都去听课。当时我是数学系低年级的学生，印象不深，朦胧之间相信微分几何是一个很大的学问。之后，我提前一年学了微分几何课程，成绩很不错。四年级的时候陈维桓先生介绍我参加微分几何的一个讨论班，记得当时在场的有吴光磊先生和虞言林先生等，讨论的是极小曲面，大部分的内容我理解不了。1984年陈省身先生在北大组织了第一届的“暑期研究生讲习班”，请了许多著名数学家前来讲课。我听了伍鸿熙先生的《微

分几何》、项武义先生的《李群》和肖荫堂先生的《代数几何》等课程，并参加前两个课程的考试，受益非浅。

我初次接触陈省身先生是1985年在上海复旦大学召开的DD6会议期间。作为一名硕士生，能够参加这样一个国际性的微分几何和微分方程的盛会，并在会上作简短的学术报告，是一个非常荣幸的事情。陈省身先生对我们几位年轻人很关注，询问了我们的学习情况。我给陈先生看了我的论文，他说了一些鼓励的话，并对我论文中的英文作了一些修正。如今想来，DD6会议是我最为难忘的一个学术会议。

从北大毕业后，我回到故乡任教。1987年陈省身先生在南开数学所开展“几何拓扑年”的系列学术活动，我参加了部分的活动，并认识了许多国内著名的老师和学几何及拓扑的年轻人。1988年春收到姜伯驹先生的来信，告诉我陈省身先生要在南开大学招收博士生。我鼓足勇气，参加了南开的博士生考试。记得考的两门数学专业课是《微分几何》和《李群》，是我的优势学科，能够从容应对。同时我也顺利通过了英语等考试。我相信这是我一生中最重要的一次考试。我有幸成为陈省身先生的博士生。同年考上的还有中科院数学所的张伟平。

1988年9月我来到南开数学所读博士。那年陈省身先生在南开工作了很长一段时间。虽然他有许多要务在身，时间很紧，但总能够抽出时间来与我们交谈。记得南开数学所一层有陈先生的一个图书室，四周摆满了各类重要的数学杂志和书籍。我和张伟平时常有机会在图书室和陈先生交谈，倾听陈先生的教诲。也可在那查阅杂志等资料。数学方面的小讨论可以在陈先生数学所二层的办公室进行，用的是白板和油笔。南开数学所拥有非常齐全的图书资料。复印很方便，研究生复印每张只需一分钱。我还保存着南开复印的一些书和资料。陈省身先生当时对李球微分几何感兴趣，和T. Cecil一起发表了几篇重要的文章，并在国内作了多场这方面的学术报告。陈先生指示我读李球微分几何方面的文章。有一天，陈先生把我找来，询问了我的学习情况，并说德国的微分几何的传统非常好，他准备送我到柏林工大进行联合培养。柏林工大有几个著名的教授，其中Udo Simon研究仿射微分几何，Ulrich Pinkall研究李群微分几何。我非常高兴，并花时间静心研读了仿射微分几何和李球微分几何方面的论文。陈先生回美国后，虞言林先生在学习和生活上给了我许多的帮助。此外，我和张伟平成了很好的朋友。我教他如何将竹竿切了作成两只风筝飞上天，他教我如何到各个电影院赶场欣赏电影艺术。我们还组织了讨论班，一起参加讨论的还有马仁义和张世清等朋友。

1989年暑假，我突然接到张伟平的电报，说德国方面已来信要我办理出国手续。我匆匆回到南开，办理了出国手续，于11月到达德国柏林。柏林工大数学系有很好的几何传统，是德国的几何研究中心之一。几何组有四位教授，这在德国也比较特殊。我的德方导师是Udo Simon教授，他是陈先生的好朋友，曾一起编辑了W. Blaschke的论文全集。W. Blaschke是汉堡大学教授，是陈省身先生的博士导师，也是二十世纪初国际上仿射微分几何和李球微分几何的学术带头人。在德国读博士比较宽松，数学系很快确认了我的博士生资格，并免除了所有的课程学习和考试。两年后我学会了德文，能够阅读德国几何学家的许多著作和文献。特别使我感兴趣的是Blaschke的几本著作，其中一本是关于仿射微分几何的专著，一本是关于李球微分几何、Moebius 微分几何和 Laguerre 微分几何的专著。我写信给陈省身先生，告知我的学习进展情况。陈先生回信说，“你的工作顺利是可以预料的”，并同意我在柏林拿博士学位。在德国的七年多时间里，我发表了一批的学术论文，主要是关于仿射微分几何和Moebius微分几何的。前者用的是Blaschke的框架，后者用的是Lie球微分几何的方法。

从1995年开始，我已作回国的准备。那年姜伯驹先生到访柏林，谈到北大缺微分几何方向的教员，我便感到是到了该回国的时候了。我将回国的想法写信告诉陈省身先生。陈先生非常高兴，来信说：“如返国，盼考虑南开。”并说南开现有张伟平和方复全等人，有相当的实力，“必可以在南开成为有意思的一群”。陈先生的看法是：“北京人多，或不如南开之清静。”1996年初，陈省身先生来信说他已决定97年秋回南开定居，并说无论我选择回北大还是回南开，均希望97年秋季能够在南开。“北大与南开关系密切，一切容易安排”。1996年12月，我顺利通过了Habilitation答辩。Habilitation是德国的比博士学位高一级的学位，最著名的是Riemann的Habilitation演讲。听我的导师Udo Simon教授说，陈省身先生作为评审委员会的成员，对我提供的Habilitation申请材料写了很好的评语。

1997年初我携家回国，到北大数学学院工作。安顿之后我即与陈省身先生写信。陈先生从南开发来传真，要我跟他通话联系。我跟他谈了在北大将要展开的工作，陈先生也谈了他的一些设想和对微分几何未来发展的看法。97年6月份，陈先生组织“京津几何工作营”，由彭家贵先生和陈维桓先生负责，参加者有张伟平、方复全、唐梓洲、莫小欢、王长平等人。同时，陈省身先生写信来，说子流形几何的重点是变换群的选择。他认为除了欧式运动群外，复射影变换群和平移变换群尤为重要，因为对应的是复射影几何和Minkowski几何，前者“立即可同代数几何和多复变连上”，而后者中的“离散子群和数论有关系”。陈省身先生在微分几何的许多方面作出了重要的贡献。在他的影响下我学了传统微分几何学，包括仿射微分几何，射影微分几何和李球微分几何。这些领域只是陈先生研究领域的一部分。当他知道我完成了Moebius微分几何子流形的不变量理论时，很是高兴，并问我做不做Laguerre微分几何。我说：还没有做。陈先生说：中国人其实可以做自己的数学。直到最近，我和学生合作完成并在德国发表了Laguerre微分几何超曲面的不变量理论。这样，李球微分几何的两个最重要子几何（Moebius微分几何和Laguerre微分几何）的理论框架得以建立。我的下一个研究计划是复射影几何，这也是陈先生指明的另一个重要的研究方向。陈先生倡导的“京津几何工作营”，后来在张伟平的组织下，一直延续至今。

如今，陈省身先生已然过世，但他的言传身教依然对我的学术生涯和处事思想产生着深刻的影响。陈先生给予我许多的教诲和关爱，我无以回报。我会将陈先生的厚爱回赠给我的学生们，让他们以陈先生为榜样，好好做学问、做人，为祖国的数学事业做贡献。

（作者为北京大学数学科学学院教授）

回忆陈先生

莫小欢

陈省身先生离开我们已经两年多了。然而他老人家对我的影响使我难以忘怀。

1. 安排访美

记得在94–95全国微分几何学术年间，陈先生知道我正在做一些芬斯勒几何时，专门邀请我去他的住所——宁园。那是一幢朴素的二层小楼，也是先生晚年休息和工作的主要场所。一楼的客厅有黑板，可以开讨论班。2001年全国芬斯勒几何研讨会正是在这个客厅举行的。那天，陈先生问我是否有兴趣去美国休斯顿大学和鲍大卫讨论芬斯勒几何，当然这正合我意。

次年我去访问休斯顿大学时，陈先生专门让陈太太（即郑士宁女士）和鲍大卫一起来机场接我。第二天陈先生来休斯顿大学为我安排了办公室，并详细询问了我来休斯顿的情况。同时邀请我顺访柏克莱一个月。

这年秋天我与夫人访问柏克莱时，陈先生安排了我们在他的朋友家住宿，并请林先生到柏克莱机场来接我们。次日他带我到加州柏克莱分校，安排我在他的办公室工作。并专门听我讲述了芬斯勒几何Dicke定理（即嘉当形式恒为零的芬斯勒流形一定是黎曼流形）的简单证明。

2. 鼓励做芬斯勒几何

陈先生在年轻时通过对希尔伯特形式作外微分发现了芬斯勒流形上的无扰且与度量几乎相容的联络。现在大家称之为陈联络。陈先生具有广泛的研究领域。晚年他多次强调研究芬斯勒几何的重要性。他鼓励许多年轻人投入芬斯勒几何的研究。

自从我到北京工作以后，见到陈先生的机会也多了。他多次对我说研究芬斯勒几何的意义和重要性。并且为我提供一些具有挑战意义的题目。如在一个微分流形上找一个芬斯勒度量使得它的里奇曲率为常数或仅定义在流形上与方向无关。又如关于芬斯勒流形上调和映射的基本存在性定理是否成立？每次我去南开大学看望他时，他总会问我他提出的问题是否有希望解决。后来我与同行一起解决了其中的一些问题。如调和映射的存在性问题。我们用热流方法证明了：任一从紧致芬斯勒流形到具有非正截面曲率黎曼流形的光滑映射一定同伦于在其同伦类中具有极小能量的调和映射。在陈先生的鼓励和支持下，我在芬斯勒几何领域取得了一系列重要成绩，独立荣获了2002年教育部提名国家自然科学奖一等奖。

3. 建议开设芬斯勒几何课

早在1996年我访美期间，陈先生就建议在大学里开设芬斯勒几何课程，此课程自然包含黎曼几何的内容。并将黎曼流形作为芬斯勒流形的例子。这是因为黎曼几何是在其度量上具有二次型限制的芬斯勒几何。根据陈先生的建议，我在1997年秋季，1999年秋季和2001年秋季三次在北京大学为研究生（包括部分高年级本科生）开设了芬斯勒几何课。此课程的开设得到了北京大学数学科学学院的大力支持。同时受到了同学们的普遍好评。

在芬斯勒几何课的教学中，我得到了陈先生的多次关心和指导。数学科学学院的师生也提供了宝贵的意见。这样芬斯勒几何课日趋成熟。同学们通过该课程的学习，大大开阔了眼见，更加清楚了对经典黎曼几何学的认识。陈先生知道这个情况后非常高兴。希望我以课程的讲稿为基础写一本芬斯勒几何书。

4. 提出写芬斯勒几何专著

经过几次开设芬斯勒几何课程，我对芬斯勒几何有了系统的了解。讲稿也逐渐成熟。陈先生便提议我写一本芬斯勒几何书。那是2002年春季，我和陈先生讨论了“*An Introduction to Finsler*

Geometry”的写作想法。并且向他汇报了书的提纲以及各章节的主要内容。该书的前五章介绍芬斯勒几何基础，即芬斯勒流形，闵可夫斯基切空间上的几何量，陈联络，第二类非黎曼几何量和黎曼量。后四章是近几年来芬斯勒几何的主要进展，具体包括：射影球丛的几何，三类几何量之间的联系，标量曲率的芬斯勒流形，芬斯勒流形上的调和映射。陈先生听了觉得提纲和内容都不错。既可作为数学工作者研究芬斯勒几何的重要参考书，也可作为研究生和高年级本科生的芬斯勒几何的入门书。

两年后，我写完了“*An Introduction to Finsler Geometry*”。陈先生建议该书用中英文同时出版，以便更适合国内学子的学习。目前此书的英文版已作为北京大学数学系列丛书由世界科技出版社出版，其中文版即将在北京大学出版社出版，并已列入国家十一五教材。我相信中文版“芬斯勒几何基础”作为国内首本芬斯勒几何教科书将对国内学生学习芬斯勒几何起积极的作用。

两年多来，常常想起陈先生对我的鼓励和关心，他对我的指教将使我收益终身。

（作者为北京大学数学科学学院教授）

为陈省身先生写传是我毕生的荣幸

张奠宙

窗外正是冬天的景色。电视在播送天气预报：零下6度到0度，很冷。我不由自主地想起宁园的冬日，陈先生穿着中式棉袄侃侃而谈。可是，他已经离开我们整整两年了。

从我踏入数学圈的那一天起，“陈省身”就象是高在云端的神。想不到几十年后竟然能够走进宁园近距离地和陈先生接触，聆听他睿智的谈话，以至成为《陈省身传》的作者。每当回首往事，觉得这真是我难得的机遇，毕生的光荣，永远的幸福。

第一次见到陈先生，是1972年在上海国际饭店的演讲厅里。那天讲的内容是关于国际数学的发展，具体内容早已忘却，只记得他穿格子呢的西装，神采熠熠，说话很慢，铿锵有力。那时没有胆量提问，更不敢想近距离地交谈了。

我和陈省身先生的交往，是借助我的一本小书和杨振宁先生的推荐。那是1984年，我和时任上海教育出版社编辑的赵斌合作写了一本《20世纪数学史话》，杨先生在复旦大学书亭里买到，转送给陈先生一册。陈先生于是给我来了这样一封信：

> 张奠宙、赵斌同志：
>
> 杨振宁先生送我大作《二十世纪数学史话》，读后甚佩。这样的书国外还没有，似值得译成英文，在美国发表，不知有无这种计划。
>
> 二十世纪纯粹数学有重大发展，似稍欠注重重要的题目，如：纤维丛与大型几何（包括Atiyah-Singer定理），代数几何与数论（包括Roth, Baker的工作及最近 Faltings之证明Mordell猜想）最近二十年的进展，把数学改观了。
>
> 大作如有增订，不知可否考虑以上及另外其他课题。又Wolf 奖渐为人所知，自应为课题之一。
>
> 拙见不敢谓当，希指教。祝撰好！
>
> 陈省身
>
> 副本寄杨振宁先生　　4/15/85

这封信改变了我的后半生。那时我五十岁刚出头，数学研究领域是泛函分析与算子谱论，“现代数学史”只是业余喜欢而已。那本《20世纪数学史话》，不过是一些资料的汇编。囿于当时国内资料的缺乏，特别是自己数学知识面的狭窄，远不能反映

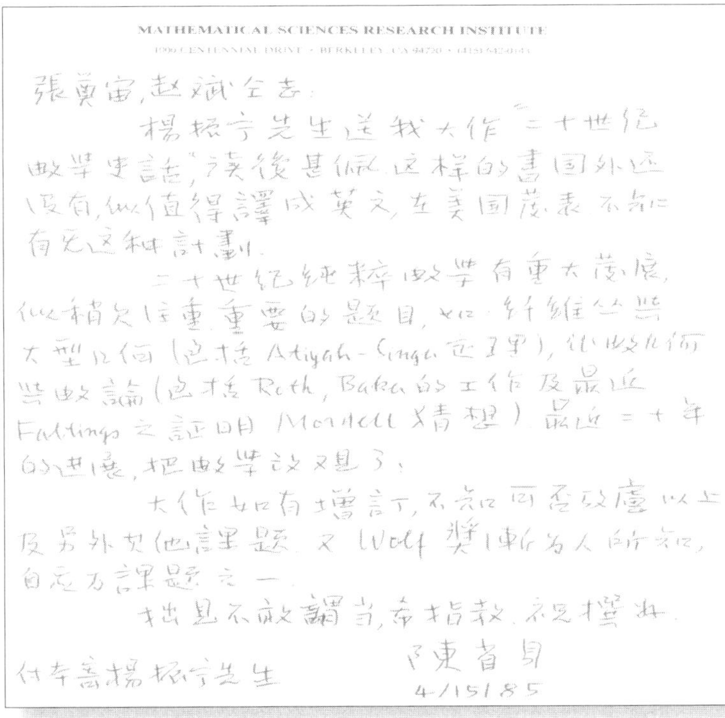
MATHEMATICAL SCIENCES RESEARCH INSTITUTE

張奠宙，赵斌仝志：

楊振宁先生送我大作"二十世纪数学史話"，读後甚佩。这样的書国外还没有，似值得譯成英文，在美国發表。不知有无这种計劃。

二十世纪純粹数学有重大發展，似稍欠注重。重要的題目，如：纤維丛與大型几何（包括 Atiyah-Singer 定理），代数几何與数論（包括 Roth, Baker 的工作及最近 Faltings 之証明 Mordell 猜想）。最近二十年的进展，把数学改觀了。

大作如有增訂，不知可否考慮以上及另外其他課題。又 Wolf 獎頗為人所知，自應為課題之一。

拙見不敢謂当，希指教。祝撰安。

陳省身

4/15/85

付本寄楊振宁先生

原信手稿

二十世纪数学发展的主流面貌。陈先生委婉的批评和提示，使我看到了未来努力的方向。对一个素不相识后学的提携，更令我激动万分。

1986年，陈先生到上海大学延长路校区演讲，我知悉消息立即前往等待接见。演讲结束之后，我终于第一次走近陈先生，谈了我学习微分几何历史的情况。不久，他就寄给我一篇文章："我同布拉施克、嘉当、外尔三位大帅的关系"，由我转给上海的《科学》杂志发表。

1988年，我参与"面向21世纪数学展望：国际数学研讨会"的筹备工作。一次午饭期间，有机会和陈先生同桌，就提出想到美国访问、收集现代数学史资料的愿望。陈先生在餐巾纸上写了香港王

宽诚基金会的地址，说你可以去申请。于是我就得到资助去美国访问两年，其中有两个月在伯克利的美国数学研究所（MSRI）。就这样在陈先生的庇荫之下，幸运地开始了我的后半生。

对陈先生的提携，我一直心存感激，总是在力所能及范围内做点事。1995年，我为香港《21世纪》写稿，翻译了嘉当在1945年给陈省身的一封信，其中谈到战后法国之困苦，以及儿子路易为反抗德国法西斯英勇献身的家事。陈先生写了读信后记，以示鼓励。1998年写《几何风范——陈省身》的小册子，把陈先生成功之路归结为“人生的选择“，得到杨振宁先生的赞赏，也获得陈先生的首肯。这样，《陈省身传》的写作终于提上了日程。

2000年，在千禧年之交，我将《20世纪数学史话》扩展为《20世纪数学经纬》，完成了陈先生交给的任务。接着就把主要精力放在《陈省身文集》的编撰、以及《陈省身传》的编写上。这几年来，记不清几次到宁园，聆听他的回忆和评论，住在那间招待过无数名人的客房里。2003年底，在王善平、沈琴婉两位先生的帮助之下，《陈省身传》基本完成。2004年9月，陈省身先生到香港接受邵逸夫奖之前，南开大学出版社抓紧刊行。陈先生亲自签字送出了200多本样书。令人意想不到的是，该书出版仅仅三个月之后，他就永远地离开了我们。回头想想，真的好险，如果陈先生没有来得及看到传记的出版，那会是多大的遗憾啊。

《陈省身传》的写作过程中，陈先生只管说，从不问如何写。唯一的例外是关于第十六章“我的六个朋友”。

那是在2003年春天的一次谈话中，我对陈先生说：比较难写的是你和华罗庚的关系，一时瑜亮，很难下笔。第二天早饭期间，陈先生对我说，你要写我的六个朋友。国内三个，第一个就写华罗庚，然后是吴文俊和胡国定。国外三个，分别是A.韦依；P. 格里菲思；J. 西蒙斯。他说，我和华罗庚在1930–1940年代确实有数学上进步的竞争，但是完全没有个人的纠纷。自从我应邀在1950年的国际数学家大会作一小时报告之后，实际上就确定了我们各自的未来走向。我在国际上发展，他回国内发展。我们彼此以礼相待，从不伤害对方，于是就有终生的友谊。陈先生也一再说，华先生是绝对聪明的人，也非常刻苦。他没有学历文凭，需要用发表论文来证明自己的能力，有很强的紧迫感，我的情况不同，可以比较从容。如果华先生到汉堡大学跟随阿丁（E. Artin）搞代数数论，日后的成就也许会更大。陈先生还动情地说："华先生去世的那年，我正在南开，想去吊唁，治丧委员会说不接待京外的客人，所以没有去，非常遗憾。"

在为人处世方面，陈先生在谈话中给我最深的印象是"我没有敌人"。"我不伤害别人"，"即使别人伤害我，我也不会报复"。近来，从天津卫视上看到一则录像，一个学生问"您在做学问和做人两方面都是楷模，请谈谈怎样做人的问题"。陈先生回答说："这很简单，就是不要伤害别人！"

"一生没有敌人"，说来容易，却并不容易做到，也许这只是"完人"才能达到的一种境界。

（作者为华东师范大学教授）

情系祖国　扶植青年

——纪念数学大师陈省身教授

冯克勤

陈省身先生离开我们已经两年了，与国内许多数学前辈和同仁相比，我与陈省身先生的接触不算多，但是他那亲切感人的大师风范依然栩栩如生。在这里，我结合自己的经历讲述陈先生对于中国发展代数几何与代数数论的热情支持。

中美建交后，陈省身先生于1972年来大陆访问讲学，我由中国科技大学来北京听讲，第一次目睹陈先生的风采。与陈先生第一次近距离的接触是在1985年6月，中国科技大学聘陈省身先生为名誉教授，派我去南开接陈先生夫妇。在由天津去合肥的火车上，我向陈先生禀报了当时国内研究代数数论的队伍和现状。讲述了华罗庚先生文革前在中国科技大学创建数学系和培养学生的

情景。陈先生一路上反复的说，数论很“要紧”，并且说他三十年代在汉堡大学听过Hecke和Artin的数论课，“差一点就跟Artin学习代数数论”。他兴致勃勃地讲起三十年代和四十年代与华先生一起在清华、西南联大和美国求学与工作的情景。他称赞科大办得好。“一个数学系是否办得好，就看培养出什么样的学生”。七十年代后期他亲自挑选科大年青教师彭家贵和徐森林到美国加州伯克利分校访问和进修，在美国大受欢迎。6月14日上午到达合肥后，龚昇教授来火车站接时告知一个惊人的消息：华罗庚教授在东京大学不幸去世！当日下午的受聘仪式上，陈先生完全脱离了讲稿，以绝大篇幅追忆了华先生的数学成就和对中国数学发展的贡献。当晚我随龚昇教授去北京接华老师的骨灰回国，次日陈先生由得意门生彭家贵陪同去黄山。由于心情沉重来登黄山峰顶，后来便多次提及他这次独特的经历：在黄山脚下欣赏了秀丽的黄山风景……的一场电影！

1988年春，我代表龚昇教授去参加南开数学所学术委员会的工作会议，会上决定1990年为南开数学所的代数几何学术年，组织代数几何与代数数论学术活动，并且由我任这一年的主席。在此之前所举办的偏微分方程和概率统计等学术年活动，在国内都有庞大的研究队伍，而当时国内研究代数几何与代数数论的不足二十人。与前任的历届学术年主席相比，我在学识和年龄上都不相称，所以当时确实诚惶诚恐。另一方面，会上讨论学术年的安排时，陈先生的发言和决定非常干脆和明快，使我体验到一种高效率的清新务实的风格。特别是陈先生负责去请国外众多的著名数学家，更使我们感到振奋。

1989年下半年，我们在南开为国内学生开设了一系列数论和代数几何的课程。这一年的一场政治风波过后不久，陈先生于10月份来华，在百忙中参加了我们的活动。记得在一次座谈会中有位学生提问："数论很难，国内学的人又少，将来是否有前途？"陈先生当即回答："学数论的人少对你来说是好事啊！将来你学成了不就是'老大'吗？为什么非要挤到人多的地方去？最要紧的是干你喜欢的事情。"1990年春天，十一位国外著名数学家参加了这一学术年活动，使我们学习到现代数论在国际上的最新发展和成果，增进了相互了解，为今后的国际交流与合作创建了一个良好的开端。这次的学术年活动对于我国代数几何与代数数论的发展起了非常关键的作用。当时的年青学生当中有不少人现已成为国内外的著名教授和学者。

1991年，肖刚和我很荣幸地获得第三届陈省身数学奖。这是我一生中最重要的奖励，但平心而论，与现在国内外中国年轻数论学家的工作相比，我的研究只是处于"初级阶段"的水平。它更主要的是体现了陈先生和中国其他数学前辈们对于在中国发展代数数论的热心扶植和鼓励。

1983年，德国数学家Faltings证明了Mordell猜想，并获得1986年Fields奖。用几何方法（包括陈省身先生在陈示性类等方面的杰出工作）研究数论成了国际上的热门趋势。为了学习这种新的几何方法，我们向陈先生禀报了打算在南开举办一次"算术几何"国际学术会议的想法。陈先生当即赞成，亲任大会主席，并向香港方面筹款，又是主动为我们去邀请国外学者。会议于1993年召开，陈先生作了主题报告，会议邀请到欧美七位著名的算术几何学家和三位台湾学者。这次会议对于中国代数数论和算术几何的研究提高到新的水准起了重要的作用。

2000年陈先生定居中国，这一年我到了陈省身和华罗庚两位数学大师曾经工作过的清华数学系教书。2001年4月陈先生参加了清华大学九十周年校庆，报告了他以九十岁的高龄仍在从事的研究：芬斯勒几何。会后我们陪陈先生在清华校园内旧址重游，他来到六十多年前工作的地方，告诉我们书桌放在什么位置，又情不自禁地说起了往事：“我这一辈子除了做数学什么都不会。只要喜欢并且用功，做数学并不难。”作为清华大学的校友，他把在法国所得一笔奖金的一部分捐给了清华数学系。

2002年世界数学家大会在北京召开之后，清华大学和巴黎南大学在数学研究和人才培养方面建立了合作项目，其中包括数论和算术几何专题。作为前期的准备工作，我们请南开数学所扶磊教授来清华访问，并为学生开代数几何课。陈先生亲自写信给我，支持扶磊来清华工作一年。不过他半开玩笑的说：“你要保证一年后扶磊回南开！”后来，南开数学所副所长葛墨林先生告诉我，陈先生真是想扶磊，经常问：“怎么扶磊还不回来？是否有对南开不满意的地方？”在葛先生的旁敲侧击之下，陈先生到南开大学为扶磊要了一套新居。扶磊在清华讲课大受欢迎。学生们在课上写条子：“扶老师就留在清华吧！”一年后扶磊向我们告别，说：“我要回南开装修房子去了！”

2004年10月，我陪同法国科学院院士、巴黎南大学J.M. Fontaine教授由北京去南开拜见陈省身先生，商议2005年8月在南开举办“算术几何”国际会议一事。陈先生一口答应，并愿意任大会名誉主席，说南开国际数学研究中心建成后，由我们第一个使用。临别时还送我们由张奠宙和王善平先生所写的《陈省身传》。万万没有想到这是我最后一次和陈省身先生见面。我们的国际会议在南开国际数学研究中心如期举行，但已经变成了纪念陈省身先生的一次学术活动！

最后我还想说一件“小事”。1990年初，我向当时在美国休斯顿大学的陈省身先生写信禀报代数几何年进展情况，顺便也谈及儿子打算去美国念书的事。二十天后我收到陈省身先生寄来的一份厚厚的邮件，其中有休斯顿大学的申请表，是陈先生亲自到学校拿来的，而且还打听到可以申请奖学金。一年后儿子从休斯顿给我们寄来一封长信，激动地告诉我们：陈省身教授在休斯顿“请”他一个人吃饭，询问他在美国的学习情况和今后的打算。我们夫妇见信后很激动，要知道他还不过是刚满二十岁的孩子！在今后的许多年里，我们和陈省身夫妇见面时，他们经常问起我们的儿子在美国的情况，并且还一直记得我们儿子的名字！

时光匆匆，我现在也到了退休的年龄。但是陈省身教授对祖国的一片赤心，对几代年青人的鼎力相助，使我永远不能忘怀！

（作者为清华大学数学系教授）

回忆陈省身先生

堵丁柱

我与陈先生是在伯克利数学所相识的。那是1985年，我幸运地得到了在这所陈先生创办的研究中心做博士后的机会。研究所坐落在一座小山顶上，山前是加利福尼亚大学伯克利分校校园，山腰侧面是著名的劳伦兹实验室。从山上不仅可以俯瞰伯克利校园的美丽和恬静，也可以远眺旧金山的繁荣。早晨，湾区的云压得很低，从停车场登上通往办公楼的台阶，回头望去，一片云海踩在脚下，覆盖着城市，覆盖着海，让人心旷神怡，流连忘返。

这所研究中心的选址、建筑结构、运行制度凝聚着陈先生的独具匠心。它远离繁华，让人可专心致志，在数学的田野里驰骋。它有藏书丰富的阅览室，也有不算豪华但很温馨的浴室，让

人可以不间断地工作，也可以像在家里一样舒适地休息一下，养精蓄锐。特别是，它每日下午三点提供一次免费小点心和水果，为所里人员创造聚会、讨论、交流学术思想的机会。

来到所里不久就见到了陈先生。那是一天下午三点多，我去那小聚会，一到就看到陈先生被一群人围着，热情洋溢地回答着人们提出的各式各样的问题。我站在外圈，欣赏着他的音容笑貌，情不自禁地和早已熟悉的照片形象做着比较。照片上的陈先生浸透学者风度，宽大的前额和透澈的眼睛饱含智慧，让人遐想他的巨大数学成就，产生无比的尊重。眼前的陈先生谈笑风生，幽默且和蔼可亲，强大的亲和力让人无法抗拒，与他越走越近。

突然，陈先生的目光跳过身边的人群落在沉默不语的我身上。“你是堵丁柱，对吗？”陈先生问。我慌忙地点点头。“来，我给大家介绍一下我们所的新成员。”陈先生边说边打着手势让我靠过去，和他周围的人互通名姓。我很惊奇陈先生知道我。他仿佛了解我心中疑问，同我说，他虽然已退休，但是经常到所里来，熟悉所有成员，一个陌生面孔总会引起他的注意；同时，我申请时奇怪的生活费要求，让他有特殊的印象。

1985年，对绝大多数大陆留学生来说，在美国工作的知识相当贫乏。因此，在填写申请表时，生活费一项，我只要了年薪一万两千。陈先生说，所领导为此对我的经济情况做了调查，决定不能要得少就给少，要一视同仁，提供年薪三万。伯克利数学所调查一事，我也印象很深刻。那天，我在办公室听到急促的敲门声，打开一看，是系主任罗宾逊教授。他说：“伯克利数学所要提供你博士后位子，可是对你一年只要一万两千不理解。问我，你是不是富家公子。我告诉他们，你是个穷小子，念书一直靠学校资助。”

自那天开始，陈先生与我们一群年青中国人经常在每日三点的小聚会上见面，天南海北地聊。不过聊得最多的是数学在中国的发展问题。陈先生认为，中国将来会成为数学大国，因为它有优越的人才条件。在西方国家中，一流人才往往选择薪酬高的职业，如法、商、医。但是，中国的年青尖子人才还会选择学数学。不过，他也认为，中国那时候的数学研究水平还很落后，需要一代人做牺牲，从西方回到中国，起到承前启后的作用。

慢慢地，我也感到无拘无束，经常提些反对意见。陈先生不介意年青人有反对意见。不过，他会很认真地坚持他的观点，解释他的观点，同我们辩论。一次，陈先生谈到南开数学所为吸引人才，采取了每人每月补贴一百美金的措施，我提出反对意见。认为，这样搞特殊化不利人才成长。况且，一个人能放弃几万美金的收入，回到国内，怎么会受一百美金的吸引。我提出，如果用这些钱来搞国际学术活动，增加南开数学所和所里研究人员的国际知名度，那么会起到更大的吸引人才的效果。不过，陈先生认为，那时国内的工资很低，如果一个人不能衣食无忧，整日为三餐奔波，那怎么会安心做数学研究。我们谁也说服不了对方，小聚会结束后他又到我的办公室继续讨论。我说，我要是回到国内，会想办一次我的研究方向上的国际会议，不稀罕特殊补助。陈先生说，那好，我让南开给你一个国际会议，你可不可以到南开工作。我回答说，我已经是科学院的工作人员，怕很难去南

开。陈先生说，那不要紧，只要回到国内，为中国的数学发展共同努力，那就好。

说实话，我的心里挺矛盾的。陈先生平易近人，助人为乐，在他手下工作，只要一心研究数学，不必操心任何琐事。有任何困难，他都会尽力帮忙，我已经有亲身体会。那是刚到数学所一个多月的时候，我遇到了一件有关电话费的麻烦事。这事源于一个电话号码，它是我的导师布克教授在圣巴巴拉给我的。他告诉我，在伯克利校园可以打这个号码给他，不会算长途。那时，长途电话费相当高。那个电话号码在加利福尼亚大学各个校园之间属于私家网络。私家网络的计费是按月算的。月费由各点间生成树长度来确定。我到伯克利报到时，还没有做博士论文答辨，也没有把论文中研究成果送出去发表，因此频频与布克教授通过电话讨论。一天早晨，一个秘书找到我说，我的电话费在第一个月是五百多美元，第二个月又已经达到四百多美元，所里毋须请示的电话费上限是每月每人十美元，问我怎样付这笔费用。我同她解释说，那个号码不该算长途，电话公司可能搞错了。得到的回答是，伯克利数学所虽然由加利福尼亚大学管理，但是属于美国国家科学基金会，因此在这用这个电话号码不属于私家网络。她建议我去找所长申明这个误会，看看如何处理。下午见到陈先生，提起这件事。陈先生笑笑问：“你还继续打吗？”我回答说：“当然不会。”“那就好解决。”他似乎胸有成竹。第二天我见到所长，他开门见山地说，既然是个误会，你又不会继续那样使用电话，那就不用管这事了。显然，陈先生已经同所长谈论过这事。这次经历使我对于私家网络有了特殊的兴趣，逐渐开展了对与其有关的吉尔伯特——波雷克猜想的研究工作。1990年，我和贝尔实验室的黄光明教授合作，终于证明了它。为此，陈先生曾寄给我一封祝贺信，我一直保留着它。

我深信，在陈先生手下工作会相当愉快。可是，我不能忘却在科学院的经历，我在那里受教育，从一个普通工人成长为一个研究人员，我与周围的人相处融洽，尤其在1983年于圣巴巴拉同华罗庚教授的倾谈中，更加深了对他所创立的中国科学院应用数学所的感情，因此，我真的很难离开它。对陈先生振兴中国数学的计划和精神，我深为佩服，已经暗暗下决心回国与他配合，为这一计划做贡献。因此，在去麻省理工学院做助理教授前，我与陈先生相约，一年后在中国见。陈先生显得异常高兴，在同我合影留念时，扔掉了拐杖。这张照片科学院院报刊载过，其后在我出差时，有媒体未经我的同意，从我家里连底片一起取走，不见踪影，让人十分痛惜。

1987年，在麻省理工学院工作一年后，我回到北京，安顿好家属，立即去南开拜见陈先生。一见面，我就说："我兑现了我的诺言。"陈先生一边向一旁的胡国定先生介绍我，一边让胡先生把国际会议的批件交给我，说："我也兑现了我诺言。"

一年没见面，陈先生的计划有了更为具体的内容。他要召开一个囊括海内外中国数学学者的数学展望会，来宣传他的理念，让大家齐心合力把数学研究工作搞上去。会议的筹委会包含各方面代表，有数学界的元老们，程民德，胡国定，吴文俊，王元，冯康，谷超豪，杨乐，齐民友，也有海外留学归国人员代表李克正和我。李克正在伯克利获博士学位，于芝加哥大学工作一年

后，应陈先生邀请到南开数学所工作。他也是在1987年夏天归国的。应该说，他之归国也是陈先生在海外的工作硕果之一。李克正和我进入筹委会是陈先生的建议。这使我们有幸经历了此后在数学界发生的一些重要事件。

数学展望会开得相当成功。考虑到当时海外留学人员多数处于在读或者刚刚工作的阶段，会议采取了对他们归国费用部分资助的方式，因此有一大批留学生归来。若干年后，有的成为国际上著名的数学家，大家见面谈起展望会，常常会津津乐道，回忆得有滋有味。这是个一大批海内外的优秀数学研究人员云集、交流、讨论、集思广益、要将中国的数学研究推向一个新阶段的宣誓盛会。会议同时邀请了一些国家领导参加开幕式，其中包括主管教育的副总理李铁映。在开幕式上，陈先生正式提出了“数学可以率先赶上世界先进水平”的观点。李铁映对这一论断十分感兴趣，认为，如果会这样，那么应该给数学一些特殊资助。陈先生立刻提出要趁热打铁。于是，筹委会代表数学界向政府相关部门提交了一份设立数学专项基金的建议书，得到批准，划入国家自然科学基金委管理。这就是天元基金的起源。筹委会也就顺理成章地转化为了第一届天元基金专家组。程民德先生是组长，胡国定先生和我是副组长，有老中青三结合的味道。

天元基金在国家自然科学基金委由数理学部副主任许忠勤管理。在起始阶段，他骑着自行车到各个部门沟通，立下汗马功劳。对于天元基金的管理，他也极善于集思广益，融合各种意见，落实陈先生振兴中国数学的基本思想，使天元基金起到了对普通自然科学基金相当好的补充作用。举例来说，天元基金被用来加强对青年数学家的特殊支持直至自然科学基金委设立了青年专项基金并且投入了足够的资金。再例如，天元基金加强了对数学暑期学校的支持。数学暑期学校是在陈先生的倡导下，从南开数学所开始办起的，一直由教育部提供部分资助，在各大院校轮流办。天元基金将它转为一个基金资助的重要项目，将其制度化，列入了正轨。数学暑期学校在培养数学人才上的作用是有目共睹的。许多日后成名的青年数学家都认为，他们在暑期学校受益匪浅。今天，暑期学校的形式已经推广到了数学外的各个学科。天元基金也启动了应用数学暑期学校，西北教师暑期培训班，等等暑期活动，生动活泼地增强数学教育与科研的人才基础。

虽然陈先生已经离开我们，可是他所创立的伯克利数学所和南开数学所都在数学研究中继续发挥着相当大的作用，他所倡议的天元基金得到了国家更大的投资。如今，在数学界，中国人才辈出，国际地位已经大幅提高，开始担负国际数学协会的重要职位。陈先生的理念已经深入人心，数学在中国正在振兴。

（作者为西安交通大学教授）

怀念恩师

陈永川

前不久我梦见陈先生给我打电话，催我完成一件事，好像是写什么文章，我很紧张，极力向陈先生解释，说我很快就能完成，完全没有忘记。由于梦里的情景非常真实，我预感到一定是陈先生有事需要我去做。为了证实我的感觉，我当天一早就把这个梦的事告诉了周围的同事和朋友。结果第二天我收到世界科技出版社的来信，催我完成陈先生纪念文集里的英文综述文章。我立即给他们回信，告诉他们实际上我已经给他们回信了，由于我的专业与几何学相差甚远，所以我写综述文章不太合适。可惜，他们显然没有收到邮件。朋友告诉我，可能是陈先生生气了，为此我心里一直忐忑不安。很神奇的是，之后不久我就接到世界科

技出版社的邀请，他们还要出一本非专业性的中文纪念文集。我想一定是陈先生想和大家讲讲话了。于是我在2004年底写的纪念文章的基础上增加了一些内容，在节日期间的一个不眠之夜，杂乱无章地记录下萦绕在心中的万千思绪，以此表达对陈先生的深深怀念。

陈先生除了数学以外，很喜欢给我讲人生的道理。当然他最强调的还是要做好的数学，要让自己有看家本领。什么是好的数学，选择很重要。他认为课题的选择是发展中国数学的关键。要选择好的课题，不仅需要远见，还需要勇气。陈先生在回忆他自己的成就时，总是归结为他很幸运，说他是在正确的时间，选择了正确的方向，去到了正确的地方，找到了正确的老师。他总说，不要盲目地从众于潮流。他是在别人都想去美国的时候，选择了去德国。陈先生常常把他去德国的情景给我们讲得绘声绘色。他说，当时对西方人穿西装非常不以为然，中看不中用，徒有其名。还是我们的马褂好，既挡风又保暖，潇洒自如，方便实用，好处多多。用现在的话说，真是多功能时尚服装。陈先生选择去德国是为了学习微分几何。微分几何在当时不是最热门的方向。他的这些选择显示了他的智慧和勇气。陈先生常常讲到一个词“要紧”，他说的要紧就是非常重要，相当的重要。在数学中和生活中知道什么要紧，怎样学习要紧的知识，掌握要紧的方法，完成要紧的事，认识要紧的人，都不简单。陈先生的言传身教使我明白了选择很要紧，做数学需要选择，人生也需要选择。

陈先生胸襟宽广，讲话言简意赅、寓意深刻。他幽默地说，他这个国际数学大师的头衔也不知是谁叫出来的，现在大家都这么称呼他了。有一次，师母向我感慨，陈先生对自己要求这么高，是不是想成为圣人。先生也风趣地教导我，出了名的人就不能做坏事了，说话就必须小心了，特别是不能讲朋友的坏话，做好人和做坏人的差距往往在一念之间。不仅如此，陈先生提倡好话多说，要能讲人话，也能讲鬼话。我知道陈先生所说的朋友指的是任何一个人，按照陈先生的标准任何人都应该称为朋友。为了表示对陈先生教导的理解，我向他确认："不该讲的话一定不能讲。"陈先生补充道："这还不够，有时候该讲的话也不能讲。"陈先生在谈到他的经历时，很自豪的表示他基本上没有讲过错话，他的秘诀就是在有些时候只能什么都不说。人哪能不说话呢，要达到陈先生的境界，的确需要好好的修炼。

经过仔细观察，我发现陈先生对人的评价有他特有的模式。如果是他自己先表态，然后再征求你的意见，那一定是高度评价。如果他来问我，某某的工作他不太懂，我是不是很了解。一听这样的话，我就能感觉到陈先生有明显的保留意见了。陈先生对年轻人的评价往往很慷慨，对于有发展潜力的年轻人更是不吝惜赞美之词。为了争取年轻的人才来南开工作或者访问，陈先生真是好话没少说，客也没少请。

陈先生对于名誉或者说名气有独到的见解。他很珍惜自己的名誉以及他在别人心中的形象。在我的印象中除了拒绝气功大师的拜会外，他总是乐意和社会各界朋友交往。有一次我陪他去他的中学母校参加校庆，他感叹到，我们常说领导在百忙之中出席各种活动，其实他也是在百忙之中啊。学生记者采访他，他会愉快的接受；中学请他去演讲他会高兴地答应；电视台请他去做节

目他会准时赴约；《南开大学报》请他题词他会欣然提写校训；天津《今晚报》请他给读者题词他则写下了他的美好祝愿——大家快乐；他兴致盎然地在校庆庆典上发表演讲，煞是煽情，他号召不要“一流”，只要“第一”，引来掌声一片；南开大学学生合唱团去给他唱歌祝贺生日他会热情欢迎；天津科技馆请他去当顾问他真是又顾又问；天津市小学生的数学竞赛要用陈省身杯这个名称他慷慨允诺。记得有一次电视采访，女主持人请他看着镜头，他毫不迟疑地说：“你这么漂亮，我当然看你了。”陈先生的幽默和机智使摄影室的气氛一下轻松起来，在场的师母也笑了。这件事也让人想起了王选先生关于名人的著名论述。陈先生的大师风范，他的平易近人，他的和蔼可亲在南开大学很多师生的心目中留下了不可磨灭的烙印。

关于名誉和名人，陈先生总是表示充分的尊重和尊敬。有一次他感叹道：“虚名也很重要。”我相信陈先生对于名誉和名人有超乎常人的认识。就是在数学研究中他也鼓励年轻人多学习名家的工作，尽可能找机会去接触名家。这个简单的道理，往往在我们的教学和研究工作中被忽略。陈先生还举例说，很多人的成功都跟名家的指导和帮助分不开。陈先生和很多名人交流有一个妙招，只要一问到别人是什么地方人时，他总能把这个地方的历史和著名人物娓娓道来，一下子就把距离拉近了，或者说一下子就和别人套上了“近乎”。

有一段时间陈先生在研究刘邦，认为刘邦是一个了不起的人物。他无意中对我说：“你们组合数学中心办得很好，那你就是陈朝的高祖了。”我一听陈先生的话，这还了得，感到问题严重。但是一想到我们是本家，一下明白过来，他的问题自然就能化解了。我回答道：“我只是在您创立的数学所找到一片立身之地，现在数学所的大楼将是全世界最好的数学大楼。所以您才是真正的陈朝高祖。”陈先生又问：“你们想不想搬进来？”我立即答道：“朝廷要招安，我们求之不得。”陈先生很开心地笑了：“我的地方比你们的地方大点吧。”能常常和陈先生无所顾忌地交谈，实是我人生的荣幸。陈先生走了，我还清晰地记得他常对我说的一句话：“永川，有空过来聊天。”我还清晰地记得我们在一起聊到的各种风土人情，各路英雄豪杰，件件陈年往事，桩桩历史疑案，以及偶尔的街谈巷议和闲言碎语。

陈先生喜欢读历史，喜欢和我聊历史，也喜欢评述帝王将相。陈先生很赞赏诸葛亮，他认为诸葛亮最伟大之处就是完全能篡位而没有篡位，他真是做到了鞠躬尽瘁，死而后已，实在是难能可贵。陈先生对慈禧太后做了一些研究后，得出了一个结论：虽然慈禧躺在床上动不了，但是只要她动一下指头就可以要光绪的命。他相信光绪是被慈禧所害。陈先生对清朝的孝庄皇太后颇有研究，他认为不应该简单地把她看成是一个美女，她是一个伟大的政治家。陈先生说孝庄有谋略，有耐心，能退能进，她懂得抓住机遇，当机立断，也懂得保持沉默和静心等待。陈先生认为孝庄和多尔衮的关系与民间的传说相去甚远，完全是无聊文人的借题发挥。近来有关孝庄的故事也是传奇性浓厚，因为孝庄是一个聪明绝顶的人，用她的智慧足以抵挡多尔衮的野心。我和陈先生的观点不大相同，特地请教了几位历史学家。他们都不太赞成把孝庄和多尔衮的界限划得如此清白。有一位女历史学家直言道，

自古美女爱英雄，历史早有定论。有一位学者希望我代表他去和陈先生确认，他是否真的认为孝庄和多尔衮没有关系。我特地去拜见了陈先生，申明是受人之托要向他问个究竟。陈先生很高兴，他指出他文章中只是说孝庄和多尔衮的关系非同一般。我进一步追问道："非同一般是不是就是有关系。"陈先生接着说："我只能说是非同一般。"没想到陈先生在他的文章中还暗藏玄机。这位历史学家真没有想到数学大师还如此含蓄。最近我特地考证了陈先生的文章，他的原话不是"非同一般"，而是"关系复杂可以想见"。（原文是：她同多尔衮的叔嫂关系，从顺治当选为太子到多为皇父，前后20年，关系复杂可以想见，我相信她是一个绝顶聪明的人，能处理非常的局面。）

陈先生走南闯北，历经沧桑，终成为一代大师。陈先生自己也说他算得上老江湖了。他给我出过一道题：江湖是什么。一想到江湖险恶，江湖骗子，我就回答道："江湖就是谁也不能相信。"我的回答显然太初等了，陈先生想了一会，纠正道："江湖就是谁也不能得罪。"例如，陈先生对办杂志总是持谨慎的态度，他认为办杂志就得拒稿，拒稿就会得罪人，这种事他是绝对不做的。谁也不得罪谈何容易，树欲静而风不止，酒不醉人人自醉，神仙也有得罪人的时候。陈先生一生积累了丰富的人生哲学，很可惜他没有写下来，也许是他根本就不想为人所知。

陈先生也有直言不讳，一吐为快的时候。几年前美国的一位政治家出了桃色新闻。陈先生兴致勃勃地给我出了一个考题："你说他现在是否还有问题？"我没有研究过这个问题，于是答道："可能有。"陈师母接着说道："不是可能有，而是肯定有。"没想到陈先生大声说道：“不是肯定有，是肯定极了。”我真没想到，陈先生和师母的一唱一和如此天衣无缝，珠联璧合。

陈先生很务实，对于客套总是持保留态度。他不写贺年卡，不喜欢花篮，他对别人总是请他先上电梯很不以为然，先上电梯有什么好处？陈先生说，他最怕别人太客气，他说有些人客气得劝也劝不住。陈先生常常去听同事甚至是年轻人的报告，在很多情况下实际上是去捧场。但陈先生强调睡午觉比听报告更舒服。我看到美国的数学家在文章中描述和陈先生去同样的中餐馆吃饭，餐馆给陈先生做的菜似乎要好吃些。当问及此事时，陈先生只承认是事实，却不说明原因。后来我问陈先生，他的秘诀是不是小费给的多一些。陈先生承认这是最实在的办法。他的一项原则是在餐馆里剩下的菜一定要带走，点菜也很注意不要过量，最好是刚好够，他在南开请客一般情况下是不点大虾的，认为又贵又不好吃。从表面上看，陈先生对生活的要求很低，但事实上陈先生可是一个美食家。他喜欢中国的鱼翅，日本的料理，美国的牛排，法国的奶酪，瑞士的巧克力，他对红酒也很有研究。他说世界各地都有很好吃的菜。不管面对什么美味佳肴，陈先生对东坡肉和梅菜扣肉总是情有独钟。有外宾在场时，我把它们翻译成中国培根（Chinesebacon）。在陈先生对美食津津乐道时，我补充道，还有成都的小吃，并表示要亲自陪他去成都品尝小吃，陈先生欣然答应。恰好，四川大学发出了正式的邀请并做好了接待的准备。很遗憾，由于健康的原因，陈先生的成都之行未能如愿以偿。

陈先生为人低调，从来不炫耀自己，也不批评别人的数学做得不好或者事情做得不好。陈先生告诫我们年轻人一定不能让人

认为你有钱，而且一定要说钱不重要。这个道理可以类推，所以什么都不重要了，这样人就超脱多了，问题就少多了。陈先生实际上是很善于经营和理财的。他告诉我在担任位于Berkeley的数学科学研究所所长期间，他非常注意开源节流，从长计议，不能过了今天没明天。陈先生主张在财务管理上一定要求稳，但他在投资上也是很有眼光的。有一次他问我，在美国应不应该买股票。我的确不知道该怎样回答。陈先生自己做了回答："不是买不买的问题，而是买什么的问题。"他接着考我："我在普林斯顿时买了3000美元的股票，现在该值多少了。"我没有概念，随口猜到"50万以上"。陈先生说："超过100万，我从来没动过。我买的是GE（通用电器）。"能选准GE并且矢志不渝地持有这支股票50多年，这需要何等的眼力和定力，就凭这种境界就足以说明陈先生不是一个凡人。尽管陈先生深藏不露，但偶尔也会流露出他面临的一个很大的问题，就是他的钱用不完了。他最关心的还是数学，还是他倾注了全部心血创立的南开数学所，也就是现在的陈省身数学研究所，其它的一切早已在九霄云外了。

陈先生曾主动表示给我写个条幅。1998年我专程到陈先生在伯克利的家中去取先生为我写的条幅。当我看到条幅后，吓了一跳，"淡泊以明志、宁静以致远，丁丑夏书，赠永川共勉，陈省身"。我哪敢与陈先生共勉，所以这个条幅我一直不敢挂出来。先生走了，我把这个条幅挂出来了，算是对陈先生的敬仰和缅怀。

陈先生常常告诫我，一个人的一生做不了很多事，所以最好是集中精力少做事，做好几件事，特别是要做好自己分内的事。即使是做好事，能做的也很有限，但是好话应该多说。细想起来，谁不是整天被小事琐事所困扰，一个人到底有多少时间在做正事，在做自己分内的事，在做真正有意义的事？英文中有一个说法就是“Lessismore.”为了少做事，为了做好自己的事，就必须少管事，少管闲事，少管别人的事。毕竟人的精力和时间实在是太宝贵了。要有所为就必须有所不为。陈先生很推崇数学大家HeinzHopf，尽管Hopf认为自己不是很用功，但他却知道怎样抓住问题的要点。陈先生说他曾经放弃了很多做管理工作的机会。他说一个数学家最重要的事就是做好自己的数学。所以人不能太自私，但也不能太不自私。太自私了没有朋友，太不自私了没有自己。我相信陈先生的数学成就与他懂得放弃，懂得要少做事有密切关系。有一次陈先生请我到一家很好的餐馆吃牛排，他说克林顿前不久还去过这家餐馆。吃饭的时候陈先生谈到国内正在发生的水灾。他说他捐了一些钱，算是表示一点心意，我们在这里吃很好的菜，这时却有人正忍受着洪水带来的饥寒，甚至还有人被洪水吞噬了生命。他认为人类社会历来是很残酷的，人类常常用战争来减少人口，灾荒也会减少人口。我们改变不了世界，最好少去想这些问题。不管是哪个朝代，皇帝也管不了天下所有的事，皇帝也有没有办法的时候。陈先生沉思良久，还是开口说话了：“我们很幸运，有这样好的生活。我们只能做好自己的事。”人世间，世间人，苦与乐，得与失，是与非，荣与辱，成与败，生与死，山高水长，奈之若何。为了缓和气氛，陈先生接着说：“我们还是继续吃饭吧。”尽管陈先生显得很超脱，很理性，甚至是漠然，但是我看得出他心中仍然装着我们中国人的

事，装着骨肉同胞们的疾苦冷暖。这顿饭我至今记忆犹新，这顿饭吃得很不是滋味，吃得我们相对无言。

陈先生很讲究持之以恒，他常常教导我不管做什么事都要有耐心，做研究要做一些好的小问题，循序渐进。他也告诫大学生不要好高骛远，只有先把小事做好了，然后才能做大事。先生的教诲使我明白了“耐心”二字的丰富内涵。陈先生讲，做数学也需要练兵，功夫是慢慢练出来的，做数学不用功绝对是不行的。陈先生的计算功夫很深厚，他能通过复杂的计算得到奇妙和深刻的结果。陈先生喜欢武林的术语，“行家一出手，便知有没有”。有一次到他美国的家中做客，谈到这个话题时，我认为应该把“行家一出手”改为“行家一开口”。没想到先生极为赞同。先生特别强调刻苦的重要性，他说：“灵感完全是苦功的结果，要不灵感不会来。”我问，下棋需要灵感吗？陈先生的回答很简单：“全是苦功，没有灵感。”

陈先生常对我提起近代最伟大的数学家，不觉为之动容：“高斯、希尔伯特这些人真是伟大，见到他们真应该给他们磕头。”陈先生正是怀着对最伟大数学家的崇敬，使自己成为了一位伟大的数学家。只要一谈到大数学家，陈先生就兴致盎然。由于陈先生的启发，我给研究生上课的时候，总是在一开始就讲大数学家的工作，以激发学生的兴趣。这种教学方式收到了很好的效果。当我把课堂上讲到的大数学家的名字向陈先生汇报后，他说，这些人都很了不起，但是高斯最伟大。他对高斯的偏爱溢于言表。有一次他突然问我：“你的学生中有没有可能出一个高斯？”我想要是在我的学生中或学生的学生中能出0.01个高斯，就算是上天对我的莫大恩赐了。

陈先生生活简朴，也给我很大的启迪。他学术成就巨大，思想深刻，与他生活简朴可能有一定的关系。我在美国时，常常看到陈先生系同一条领带。当我回到南开后，注意到陈先生画像上的领带就是我在美国几次看到的那条。当我把这一发现告诉师母时，没想到师母不以为然地说，他本来就没有几条领带。陈先生在南开的书房里最有特色的摆设是一些空酒瓶。陈先生说，范曾先生看到他书房里什么也没有，特地送给他几件奇石和古董。陈先生风趣地说，范曾先生有很多好东西，如果他去要的话，范曾先生还会给他，但是他认为这些空酒瓶已经足够了。

在和陈先生的交谈中，我们有时谈数学，有时海阔天空。陈先生很会鼓励人，不时地给你戴几顶高帽子。每当我受宠若惊，招架不住的时候，就只好彻底投降。我说，就算我拼了这条命，也不可能取得陈先生这样大的成就。陈先生终于直说了，"是的，我的运气可能比你好，但是你能不能超过……"，这个问题我也没办法回答，因为陈先生提到的人是我非常敬佩的大数学家，我从来没有想过有可能超过他。能得到陈先生如此看重，成为了我研究数学最重要的动力，也是我一生莫大的荣幸。陈先生在话语中也很自然地流露出他的名人哲学，给别人设立的标准也是以名人为参照系。

陈先生喜欢麻将。他48年底去美国时就带了一副麻将。我夫人知道他喜欢麻将，还特地选了一副麻将送给他。有一次陈先生约我去打麻将。他的水平高，不在话下。但真正让人敬佩的是，他打到该休息的时候，就撤退了，这可需要毅力啊。我对自己的学生讲，你们要想向陈先生学习的话，首先应该学习他早起。他

六点起来，你们能不能五点半就起来。我几乎不会打麻将，以前只玩过几次，但打通宵的经历还是有过的。陈先生不相信我不会，总说，永川肯定行。结果被叫去陪他打过一次以后，陈先生终于说话了，永川的确不行。以后我就再也没有受到邀请了。令陈先生没有想到的是，我夫人打麻将还有点天分，可她却不知道给老人家留点面子，第一次去就把陈先生赢了，还得到了陈先生的高度评价。可惜以后她没想到回去让老人家有机会赢几次。陈先生走了，结果给我们也留下了太多太多的遗憾，留下了太多太多没有了结的故事。

93年的秋天，我邀请陈先生到Los Alamos国家实验室作主任讲座（Director's Colloquium），这是实验室最高级别的讲座。陈先生和师母以前没有来过Los Alamos，他们也想来看看。他的演讲的主持人是Monte Carlo方法的创始人之一，著名数学家Nick Metropolis。Metropolis对陈先生的介绍的最后一句话赢得了全场的热烈掌声——今天是他的生日。陈先生在演讲的开始介绍了实验室的第一届主任，诺贝尔奖得主，物理学家J.R. Oppenheimer发电报邀请他去普林斯顿的经过，当时Oppenheimer已经离开Los Alamos到了普林斯顿。很多物理学家对陈先生非常崇敬。为了欢迎陈先生，我特地买了十本关于陈先生的书——《陈省身——20世纪的几何大师》S.S. Chern, *A Great Geometer of Twentieth Century*，请陈先生签名后赠送给陈先生的朋友。陈先生来Los Alamos演讲确实是一件让中国人感到很光荣的事。在那里工作和访问的中国人特别为陈先生和陈师母举行了隆重的生日庆祝会。陈先生和陈师母在我家吃完晚饭后，特别提醒我们不要迟到了。那天真是一个很特殊的日子，陈师母农历的生日也是那一天。更巧的是，那天我们还迎来了那年的第一场雪。大家都说是陈先生和陈师母给我们带来了一场瑞雪。陈先生对Los Alamos的访问很满意，他特别告诉我他得到了一生中最高的一次演讲费。

这次访问Los Alamos陈先生还有另一个目的，就是落实我回国工作的可能性有多大。他没有问我要不要回国工作，而是问我回国工作的可能性是百分之多少。我想这不是一个百分之多少的问题，而是一个Yes或No的问题。我告诉陈先生如果要说是百分之多少的话，那就只能是百分之百了。

在这次的访问中，陈先生给我讲的一个道理就是对人对事都不能太勉强，即使是好心好意也不能太勉强，对自己的孩子不能太勉强，对自己的学生也不能太勉强，就像不能勉强自己睡觉一样，你睡不着的时候你再努力睡也没有用。每个人都有自己的思想，都有自己的理由，做人做事做数学切不可勉强。我想把陈先生的意思归纳成陈先生的一个定理，那就是学生是不会听老师的，儿子是不会听父亲的，没有人会真正听你的。当我开车两个小时把陈先生和师母从Los Alamos送到Albuquerque的机场后，离登机还有很长的时间，因为陈先生总是留出足够的时间，常常是提前很多时间就到了机场。我自然而然地留在候机厅陪他们聊天，计划等他们登机后再离开。这时陈先生认真地告诉我，我可以回去了，完全没有必要留下来陪他们。我想到陈先生刚刚对我的教导，于是活学活用，说道："你刚教我不要勉强，那我就回去了。"陈先生说："很好。"后来，陈先生生气的时候会说："你们都不会听我的，你也不会听我的，以后你的学生不会听你的，你的孩

子也不会听你的。”我对付这个问题有一个很好的办法，“你希望我回南开，我是百分之百地回来了，我可是百分之百的听你的话”。陈先生只好点头称是。当我们对数学所的一些事的看法不一致时，陈先生会直言道：“现在我们之间有一个很大的问题，就是我们的意见不一样。”我想起了毛主席的话，我们来自五湖四海，为了一个共同的目标，走到一起来了。于是回答陈先生：“虽然我们的意见不一样，但是我们的目标完全是一致的。”陈先生听了我的回答很高兴，说道：“我们的目标是一致的。”每个人都希望自己完全正确，都希望别人听自己的。但是陈先生对不同意见的宽容表现了他博大的胸怀和领袖的风范。

陈先生说数学需要功夫，书法也需要功夫。他一生有一个遗憾，就是没有把字练好。我看得出，他对自己的字还是很在乎的，也时常在练。范曾先生对陈先生的字评价很高。陈先生有一次对我说：“你知道为什么我没有练字吗？”我说：“不知道。”先生感慨地说：“你知道为什么笔不好没法练字吗？”这个我当然知道，“是不是一写下去就分叉了。”听了我的回答，陈先生很高兴。之后，我专门请行家选了一只笔送给陈先生。他一开口就问，是不是湖州的。看来，他对从前没有一支好笔一直耿耿于怀。从练字的态度上，可以看出陈先生不管做任何事，都是讲究功夫的。

陈先生除了讲究功夫外，还讲实力。他说，美国人的哲学就是实用哲学、实力哲学。陈先生曾感叹道，外交就是手里拿着原子弹，口头上讲和平。我一直记得他说过：一个数学家是不是好的数学家，只能看他是不是做出了好的数学。他还说，数学家的地位只能靠定理。他进一步说，要做出好的数学，你必须要有思想准备，就是你的工作可能在生前得不到承认。陈先生对数学的执着追求总是令人肃然起敬。为了能做出好的数学，陈先生特别强调要学习新的方法，掌握新的工具。陈先生非常关注数学研究的动向，他告诉我组合数学在几何学和生物学中会起到越来越重要的作用。我对陈先生的战略眼光深信不疑，但是我也明白，真正要在陈先生指引的这些方向上有所建树可能需要若干年的艰苦努力。我也相信，按照陈先生的教导，只要下功夫，只要有耐心，总会有收获。陈先生走了，但是我不会忘记陈先生对我们年轻一辈的教诲和期望，就是数学也需要实力，要做有实力的数学家。实力就是解决实际问题的能力，就是实实在在的能力。陈先生很推崇希尔伯特。有实力解决大问题，就是大数学家，有实力提出大问题，也是大数学家。

回国后，我邀请陈先生和师母来我家里做客。那时陈先生已经有些行走不便，是靠搀扶着上了四楼。我给他献上了一杯茶。他突然问道："这么好的茶，是不是留着招待达官贵人的？"我不知如何回答是好。还是陈先生给我解了围："难道我们不是吗？"后来我搬了新家，请陈先生来做客，那时他已经坐轮椅了。当我跟他约时间时，他选了一周以后的一天晚上。到了当天，我才明白过来，那天正是中秋节。我过节的观念太淡泊，感到十分惭愧。还记得陈先生送来了一盒精美的月饼。吃过晚饭后，陈先生兴致很好。一定要看我写的东西。我说，我有空时写写散文和随笔，也喜欢对联，但实在是没有时间整理。在陈先生的逼迫之下，我告诉他，我用了"流水无情"去对"苍天有眼"，并请一位书法

家写了一个条幅“须知苍天有眼，莫怨流水无情”。陈先生没有回答我的话，他沉默了好一会，突然说道：“苍天有眼，流水无情，好。”过了一会，他又重复了两遍。陈先生发出感慨的原因不得而知，但能引起先生的共鸣，实在令人难以忘怀。

陈先生曾两次来组合数学中心。第一次算是正式的视察，那时他还能拄着拐杖行走。对我们的研究工作和国际交流很满意，很高兴地给我们一个慷慨的评价：“组合中心办得很先进，很成功。”结果师生们受到很大的鼓舞。第二次来时，他已经坐轮椅了，是来听报告。陈先生来组合数学中心，这对我们是巨大支持和肯定。多年来陈先生竭力倡导在中国的土地上培养出一流的人才，他相信我们完全有能力培养出一流的数学家。陈先生对我们的评价依据很简单，就是看我们的工作是否得到了国际上名家的肯定，就是看我们这里是否经常有国外的名家来访问。陈先生有时会让我以他的名义邀请著名学者来南开访问。陈先生周围的工作人员都认为陈先生是一个爱热闹的人。其实请名家来访问是对我们自己莫大的鞭策和激励。要能听得懂名家的报告，还要能和名家合作，甚至解决名家提出的问题显然不是凑凑热闹就能解决的问题。我现在才从陈先生的名人哲学中体会到他的良苦用心，要成为一流高手不跟一流高手过招怎么行，要成为一流没有一流高手的帮助怎么行。

由于陈先生的缘故，我有幸得到师母的信任和关怀。师母豁达慈祥，是一位伟大的母亲，一位伟大的女性。我去看陈先生的时候，师母常常和我单独聊一会。以前去伯克利的时候是师母开车来接我，陈先生亲自为我订旅馆，还替我付帐。我实在过意不去，以后就自己租车、自己订旅馆了。记得有一次下着很大的雨，我从机场租车开到陈先生家，正点到达。师母说，一听到门铃，就知道准是我到了。由于下着雨，师母说不要出去了，她在家做牛肉面。这次我很荣幸品尝到了师母亲自做的牛肉面，还有幸目睹了陈先生和师母互不相让的“争执”。这还是我惹的祸。师母一个人在厨房里忙着，我过去和她聊天。看到师母很熟练地用着一把长条形的刀，我说，这把刀一定很好用。师母说："对，我就喜欢这种刀，又能切，又能削。”陈先生在旁边急了："中国的菜刀好，又能切，又能砍。”师母说："我们不要争了，让永川来裁判。”我只好说实话了："我还是喜欢师母用的刀，既轻便又好用。”师母高兴了："这种刀我没有多的了，就把用过的送给你吧。”陈先生又有意见了："拿用过的东西送人，也不知道别人喜不喜欢!”没想到师母说道："我比你更了解永川。”师母送给我的刀，我一直珍藏着。师母是一位伟大的智者，总是泰然面对人生。她曾很轻松地告诉我，她不求活多久，只求走得干净利落。师母是在没有痛苦的情况下悄然仙逝。大家都说这是师母的福报。师母的灵堂设在宁园。我去灵堂向师母告别后，走出宁园门口，对师母恋恋不舍之情难以自已。我再次回到灵堂，给师母三叩头，以答谢师母的大恩大德。

有一次和陈先生聊天。他精神很好，感叹到："怕死的人没出息。”在和先生的谈话中，我也是感慨万分。我补充到："怕事的人也没出息。”先生说："好！”我很庆幸没有扫他的兴。陈先生说他一直都有一个关于他自己的猜想，就是他能不能跨入21世纪。他出席2002年在北京召开的国际数学家大会后，对

自己的身体健康很有信心，有时对人讲他希望能活到100岁。有一次他刚做完体检，告诉我他的各项指标都很好。我感到很惭愧，感叹道：“您什么都吃，从来不锻炼，结果是您从来没戴眼镜，一切都很正常，我比血压也比不过您！”陈先生也不客套，说道：“是的，我的血压很标准。”谈到晚年的生活，最令陈先生伤感的是他的很多朋友都走了，还有一些朋友的健康状况很不好。先生有一次感叹道，不仅是很多朋友都走了，连熟悉的医生也退休了。他坐轮椅后，有一次很伤感地告诉我，他最想做的事就是能够到外面去走走。不论陈先生多么乐观，内心悲凉在有意无意中有时也会有几分流露。

陈先生离开我们的时候，我在医院。他去世的前一天我去看过他。当时学校通知校领导陈先生住院了，书记校长已经代表学校去看望了，为了不影响医务人员的工作，学校要求不让其他人去医院看望。我感到很为难，总觉得无论如何应该去看他。正在南开大学参加学术活动的王梓坤先生建议我不必请示学校，带上一个花篮，直接去医院，哪怕是在门口去站一会也行。我去的时候，朱经武先生正在那里，我不忍心去打扰陈先生。于是在病房外的会客室和朱经武先生聊了一下午，当然话题始终没有离开陈先生。在我走之前，朱经武先生坚持让守护陈先生的沈琴婉老师告诉他我来了。沈琴婉老师告诉我，虽然陈先生没能讲话，但是他知道我去看他了。回想那次去医院的情景，我非常感激王梓坤先生的建议，他不仅是数学家而且还做过校长，教了我一招上有政策下有对策。我也非常感激朱经武先生和沈琴婉老师的一番苦心。

第二天下午大约六点，我接到学校的电话，说陈先生正在接受抢救，让我马上去医院。我立即开车去医院。一出校门口，我就被警察拦下了，原来是自己完全忘记了红绿灯的存在。一急之下，我把证件交给了警察，告诉他我必须赶到医院，然后开车就走了。到医院后，我看到好些人都在，预感到和陈先生告别的时间快到了。医生尽了最后的努力，仍然没能把他留下。我目睹了现实和历史之间的转变只是一瞬间的事。告别世界，是一个人最后需要做的一件事。人生匆匆，沧海茫茫，迎来送往，犹如潮起潮落。先生离去了，我们更应该珍惜能够把握的每一天。

我知道，南开数学所的事业是陈先生最大的牵挂。他虽然说他很超脱，什么事都不想管了。但是，正如陈先生的女儿陈璞女士所说，当她从美国赶回来见到陈先生的时候，尽管他已经说不出话来了，但陈璞女士仍然知道陈先生放心不下的还是南开数学所未来的事业。这是他最后的心血所在。他是怀着这份割舍不下的感情离开了我们。

恩师离去了，他留下的宝贵的精神财富，将伴随我走完自己的人生之路。

（作者为南开大学组合数学中心教授）

陈省身与西安交通大学

李开泰

陈省身教授关心中国数学科学的发展，这是众所周知。他还对发展中国数学有自己的看法和构想，其中之一就是充分利用中国人才资源丰富，在中国发展多个数学研究中心或研究基地，其中比较成熟的意见之一是在西安发展应用数学。他认为西安是中国文化中心之一，又是古都，13个王朝建都于此，历经了3000多年，是中国重要的旅游圣地；同时西安交通大学的应用数学研究已有好的基础。因此，他建议在西安交通大学成立应用数学研究中心。国家教委接受他的建议，支持西安交通大学筹办工作，并于1991年5月，正式成立西安交通大学应用数学研究中心，陈先生亲自参加成立大会。中心为陈先生设置了一个办公室，成立图

1991年陈省身先生访问西安，和西安交大的教授在一起。

书资料室，出版“西安交通大学应用数学研究中心研究报告”，和国内外有关大学和研究所进行交流。陈先生还用自己的工资在美国购买两次原版数学教科书和专著。在陈先生的建议下，西安交通大学应用数学研究中心从1991年起举办多次海外留学生学术研讨班，各种国际会议，每年都有国内外学者参加的学术交流会或讨论会，每年都有很多国外学者来应用数学研究中心访问，应用数学研究中心每年也都有学者出国参加国际会议，访问或做博士后研究等等。在这种学术交流推动下，西安交通大学应用数学研究中心所有青年教师，都到国外各类大学访问，合作研究或做博士后，为培养年轻一代的应用数学工作者起到良好的作用。

1991年，中国教育部在陈先生建议下，开办暑假研讨班，全国各个学校的研究生和青年教师参加，提高他们的学术水平，

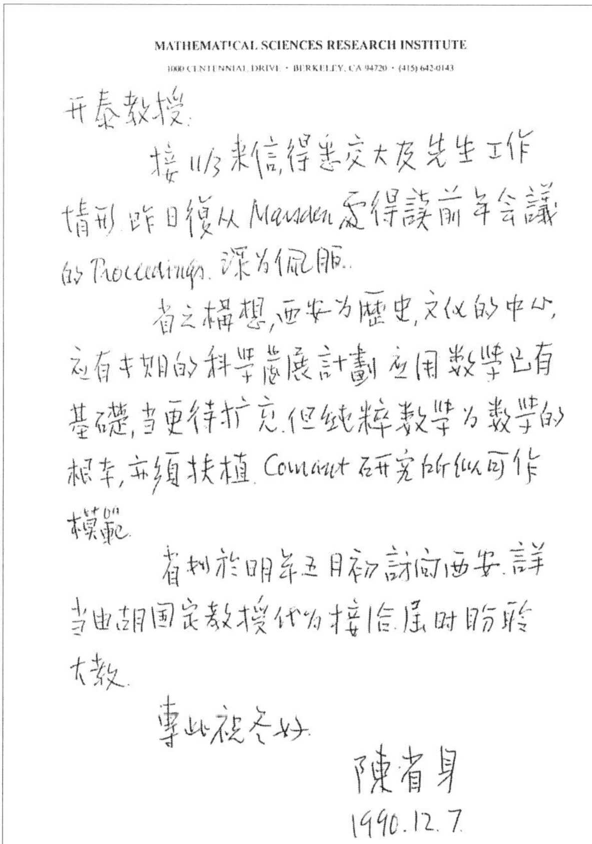
MATHEMATICAL SCIENCES RESEARCH INSTITUTE

1000 CENTENNIAL DRIVE • BERKELEY, CA 94720 • (415) 642-0143

开泰教授：

接11/3来信，得悉交大及先生工作情形。昨日復从Marsden处得該前年会議的Proceedings，深为佩服。

省之構想，西安为歷史、文化的中心，应有长期的科学發展計劃。应用数学已有基礎，当更待扩充。但純粹数学为数学的根本，亦須扶植。Courant研究所似可作模範。

省拟於明年五月初訪问西安，詳当由胡国定教授代为接洽。届时盼聆大教。

專此祝冬好

陳省身

1990.12.7.

陈省身先生给李开泰教授的信。

优选他们的研究方向。1991年西安交通大学举办暑期讨论会，称为“国家教委数学科学暑期学校”，并由陈省身亲自给国家教委写信定下这一名称。以后每年举办两期（数学、应用与计算数学），均采用“暑期学校”这一名称。

（作者为西安交通大学教授）

数学之美
——怀念陈省身

沈琴婉

陈先生晚年在天津宁园定居后，我能够有幸做他的半职秘书（因为一半时间还要做我在南开大学的教师工作），与他有更多的时间相处，聆听他的教诲，感受他的人格魅力，感受他父亲般的关心，是我一生中难忘的岁月。

我的公公吴大任、婆婆陈受30年代在南开大学数学系念书时都是陈先生的好朋友，以后我的公公又与陈先生一起考取了清华大学的研究生，在欧洲留学时大家又同在德国汉堡大学一年。在五十年代，他们还有书信往来。七十年代初，陈先生解放后第一次回国访问就来南开看望我公公婆婆。南开数学所成立后，陈先生每两年就回国一次，也经常到我们家来聊天，所以我和陈先生自然就认识了。我丈夫吴喜之到美国学统计，还是陈先生建议的，他认为在美国统计非常有用，随着中国的改革开放，统计也会越来越有用武之地。

1987年，我丈夫在美国取得博士学位后到加州大学戴维斯分校做博士后，我带着女儿去美国探亲，与陈先生见面的机会就更多了。陈先生雪中送炭，把他们的一辆旧轿车送给我们，而且他买好了保险，在车的后备箱里还放了一个新的备用轮胎。这辆雪佛来车车体宽大结实，据说有八个气缸，坐在里面感到很安全。陈伯母还反复叮嘱我们千万不要随便坐某些中国学生开的车，说这样危险。戴维斯离伯克利他们的家不远，他们常常会邀请我们去玩，一块吃饭。记得有一次还把我们在加州伯克利分校念博士的三个亲戚孩子都请到中国餐馆来一起吃饭。还有一次陈先生让我们去他家吃螃蟹，我们到了以后只看见陈伯母，才知道陈伯伯自己开车去Safeway超市取预订的螃蟹了，我们心里那份感动真是无以言表。他还带我们去他的数学所参观，让我女儿在黑板上随便写画。他们二老还亲自开车到戴维斯来看望过我们一次。陈先生晚年让我做他的秘书，完全是我应当尽的义务。

但是做陈先生的秘书，与其说是我为他工作，不如说是他对我的关心。我在2000年11月突发蛛网膜下腔出血，康复后当陈先生得知我还要担负大量的教学和行政管理任务时，为了减轻我的负担，他提出要我做他的半职秘书，让学院减轻我一半的工作量。我每天下午去整理他的文件、书籍、论文、书信。帮助他发送电子邮件等，但常常是与他一起聊天，国际国内、校内校外、诗词历史、天南海北的神聊。我在单位工作上碰到的不顺心的事情，

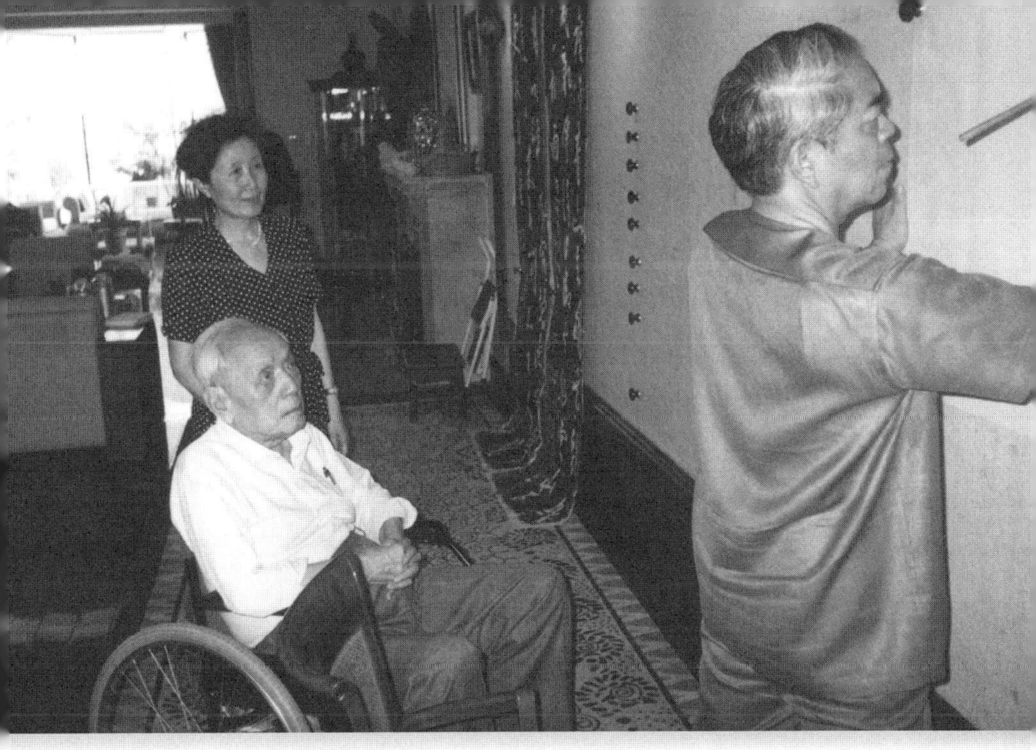

沈琴婉女士陪陈省身先生欣赏范曾作画

他也会耐心倾听。陈先生知识面特别广，人又开朗健谈，使我受益多多，这段时间是我每天最愉快的时间。他总是把他写的东西拿给我看，并问我："琴婉，你看行不行？能不能及格？"很平易近人，一点架子都没有。他对我用计算机也很好奇，他说怎么你动一下就行了？还要让我教他用计算机，甚至还说要去听我讲计算机课。我写的一本《*Visual FoxPro* 程序设计教程》他也要求送一本给他看看。我怕浪费他的宝贵时间，当时还调皮地说你看不懂，他一点不介意，自嘲地说："我是一个计算机盲。"经常是张伟平和我与陈先生一起吃晚饭，一边吃饭一边聊天。为了不让他工作得太累，应他家人的要求，一般我每天晚上要陪他看一集电视连续剧。他特别爱看金庸武侠小说改编的电视剧，因为他读过金庸的大部分小说，我们看《笑傲江湖》、《射雕英雄传》

时，我不明白的地方他会给我讲故事情节。此外，他还喜欢看《红楼梦》、《三国演义》、《水浒》等名著以及《康熙王朝》、《孝庄秘史》、《走向共和》等历史剧。越是与陈先生近距离接触，越是觉得他是一位既伟大又可爱的老人。

陈先生一生与数学结缘，他的生命与数学同在。他在数学上的里程碑式的贡献，使他成为当之无愧的数学大师。但这是他一生勤奋努力的结果。他告诉我，做数学家是很累的。他说他年轻时非常用功，走路、排队都在想数学，所以他不怕排队买东西，他边排队边考虑数学，不知不觉就排到了。他每天很早就起来做数学，当家里人起来吃早饭时，他已经把一天该做的学问做得差不多了，早饭后就到学校去做日常工作。就是在九十以上高龄，他还在坚持思考S6难题和庞家来猜想，真千古一人耳。他在宁园的日子，每天都在工作。他总喜欢坐在卧房的沙发上，周围堆满了各种各样的书籍、论文和草稿。他说，为了数学，他一生都不想做什么“长”，因为他认为行政事务要占用他做数学的时间。记得有一次他谈到在西南联大时，当时有个教授评议会，由部分教授、院长、系主任组成，负责决定学校的一些大事，他是成员之一，是年青教授的代表。有一次改选，他召集所有年青教授开会，号召应当多选年青教授，大家都赞成，结果选举后好几个老教授落选了，而年青教授选上了，他还代表年青教授找梅贻琦校长谈判等。后来他想这些学校的政治没有什么意思，应当把精力完全放到数学上，所以后来他就到普林斯顿去了，从此他的数学之路越走越宽。美国数学会曾经要他做会长，他拒绝了，这也是数学界唯一的让做会长而不做的先例。他晚年之所以出任首届美国国家数学所所长，他说那是因为副所长乐于管事，他就不必管那么多了。

他提倡无为而治，为人处世也常取这种态度。他给他的学生提供了一流的学术环境，例如推荐到国外知名的教授手下读博士，提出当今数学前沿的一些问题等。引进门之后，修行就完全靠自己了。他从不干预，有时候打个电话或者一块吃饭谈一谈，就会对当事人有很大的启发。他不赞成管得那么细，并说国内有些部门根本可以不要，大学反而会办得更好。

陈先生是伯乐，他慧眼识才爱才。他认为培养年轻的数学家很重要，所以他亲自出面请他们回国做事，例如贺正须、汪徐家、周家足等。他经常阅读年轻人的论文，觉得有价值，就特别关注。对已经留在国内工作的年轻数学家，他更加关注他们事业的发展和生活。他期望他们长期留在国内为国家做贡献，但他认为年轻人一两年就应该出国去看看国际间的数学发展。他把获得的邵逸夫奖金捐给伯克利美国国家数学研究所、普林斯顿高等研究院、巴黎的数学研究所等，部分原因也是为了让对方与南开数学所建立良好的关系，这样国内的人才就能够到国外第一流的研究单位去开阔眼界。他还资助南开出国的年轻的数学工作者每人3000美金，也是希望解决他们的后顾之忧，集中精力搞研究。还有 位家在天津，在北大学习的数学高才生，由于家中经济困难，陈先生也不止一次资助他的家庭。不仅如此，陈先生还从精神上关心年轻的数学家。聊天时他经常对大家说，不要在乎当不当院士，关键是要做好的数学，做一流的工作。如果工作做得非常出色，仍然当不上院士也没有什么关系，国际上认为你做的工作是

第一流的，人家欣赏你的工作就行了，听其自然，保持自己做数学的快乐心态。他自己就从来没有满足于取得的成就，数学就是他的生命。他欣赏数学的美，所以在92岁高龄，还策划了2004年的《数学之美》挂历。挂历中每个月的主题他都一一思考和审定，把数学的精华和奇妙以及与理论物理、计算机科学的关系等深入浅出、形象生动地表现出来，并亲自题写了《数学之美》四个字。他完全出资设计出版的这本月历，一面世即受到了热烈的欢迎，特别是大中学生的喜爱，供不应求。大家都来欣赏数学之美，认为这是一本从内容、风格上都创新的挂历，把它作为纪念品来收藏。这也是陈先生为了把中国建成数学大国，身体力行的又一贡献。后来，陈先生又倡导在《数学之美》挂历的基础上，出版一本小书，按照每个月的主题写一篇文章来阐述数学之美，他亲自写了序，可惜由于他的突然离世，而未能面世。

记得在宁园一次饭后，陈先生和杨振宁先生大谈了关于G2、纤维丛与麦克思韦方程的关系等，并批评现在数学论文越写越长，有些甚至成了一本书。杨先生说理论物理学家是猜出某个观点的必然性，揭示它的规律，但随后又被另外的猜想所覆盖了，所以要让大学研究生列出19世纪的20位有影响的物理学家很困难，可是要列出20位有影响的数学家就很容易。因为数学家发明的定理是永恒的。陈先生也同意这个观点，两位大师一直谈到晚上九点钟。我在旁边一直聆听了两位大师的高见，又一次感受到了数学之美。

正因为陈先生欣赏数学之美，他写的文章也很简洁。他给范曾先生的《庄子显灵记》做的序，就非常简练。尽管只有四段不到三百个字，但每一段都有一个意思，特别是关于“孝”。文章中说：“中华民族是很实际的，中华文化寻求人类社会的处理与组织，一个结果是注意到传代，便自然重‘孝’，便把多代连起来，成为一串，不能使串切断；便‘不孝无后为大’，结果把中华养成一个巨大的民族。”这是国外的思想没有的。他说冯友兰、胡适等先生都在谈中国的哲学思想，但就是没有谈“孝”。陈先生母亲的照片就挂在他的床头，他经常提起他的母亲。

陈先生不仅是伟大的数学家，其它的知识也很渊博。他不仅通晓历史，还有自己的独特见解。例如关于司马迁之死，2002年8月在北京召开的国际数学家大会上，当他被记者频繁提问而不能脱身时，他机智地向记者们提出了“司马迁是如何死的？”这个问题，而且说如果你们中谁能回答，我也就继续回答你们的问题。结果无一能够回答，他就脱身了。他告诉我，史书中都没有说司马迁之死，他相信司马迁是被汉武帝害死的。因为司马迁在给他的朋友任安的《报任安书》中流露了他被处以宫刑后的怨愤之情。后来任安被汉武帝迫害抄家，这个《报任安书》肯定落入了汉武帝手中，所以汉武帝不会放过司马迁。陈先生能够背诵许多诗词，杜甫的《秋兴八首》陈先生很喜欢，常常背诵。而唐朝诗人李商隐的《锦瑟》也是陈先生非常喜欢的诗。这首诗是：

锦瑟无端五十弦，一弦一柱思华年。
庄生晓梦迷蝴蝶，望帝春心托杜鹃。
沧海月明珠有泪，蓝田日暖玉生烟。
此情可待成追忆，只是当时已惘然。

他说世人都把这首诗与诗人的感情纠葛联系起来，而陈先生认为这是诗人对自己五十年的经历总结。他给诗词专家叶嘉莹先生八十华诞赠送了一首以此诗为骨架的他写的诗，诗的头两句就是“锦瑟无端八十弦，一弦一柱思华年。”所以也反映了陈先生对《锦瑟》的独特思想。

记得2004年夏天我去昆明开会，带回滇池长联的图片给他看。他抗战年间在西南联大几年，滇池长联背得滚瓜烂熟，他兴致极高，立即默写了滇池长联给我，我与图片上一对，完全正确，我真是好佩服！九十三岁高龄，记忆力这么好！现在他亲笔默写的这副长联成了我永远保存的珍品。

对待历史，陈先生也不固执己见。例如他认为孝庄皇太后对清朝立国有很大的贡献，为此，他还专门发表了一篇文章，题目是《论清太宗孝庄皇后》。在文章中他认为“太后下嫁”多尔衮是完全不可靠的。我从报刊文摘上读到一篇题为“孝庄下嫁的六个论据”的文章，这篇文章提出了六个论据来说明孝庄下嫁了多尔衮。我把这篇文章给他看，他仔细阅读后说，看来确实有理由说明孝庄是下嫁了多尔衮。

我们和陈先生在一起还经常谈论国内外大事，大家各自发表自己的观点，有时还会争论。有时候我们会对国内的一些事情抱怨，陈先生就会说我们，不要把事情理想化，其实好多事情国外也是一样的。他还对天津情有独钟，当我们谈论天津的管理和建设不如上海和北京，或者不如其他一些城市时，他往往只是洗耳恭听，一言不发，绝不附和我们。但是如果我们批评北京、上海的一些事情时，他会很高兴和我们聊起来。有一次聊天谈起“台独”问题，大家笑话台湾用钱买小国承认，某国总统参加陈水扁就职典礼，然后就向台湾要钱等。在座的正好有一对从台湾到美国再到大陆来工作的夫妇，陈先生幽默地对他们说：你们到太平洋找个小岛，自己做总统，然后就找台湾要钱好啦。谈起高校的一些事情时，他有时会调皮地对我说：你们北大……，而我也会调皮地回答他说：你们清华……。

陈先生是一个厚道人，乐善好施、性格也随和，有从老到小、从很知名到无名小字辈的很多朋友，他从来是平等待人，所以大家不是像对有些大人物那样敬而远之，而是像家里的老爷子那样与他来往。宁园像是一个大家庭，经常有朋友造访，大家一起吃饭、聊天、看电视。在过元旦、春节时，保姆、护工都一桌吃饭，他还会给他们红包，表示对他们照顾的感谢。陈先生母亲的好友（也是早年在天津的邻居）的两个女儿中的长女是他少年时的同伴，陈先生上大学以后就来往很少，后来就没有联系了。1999年陈先生在天津定居后，当时的小女儿（我们现在称呼她王阿姨，大概比陈先生小10多岁，当时的长女已经去世）在报上看到信息后，就与陈先生联系。王阿姨告诉我，当时想陈先生已经是这么有名的人了，所以只是抱着试试看的态度联系，没有想到陈先生马上就请她到宁园来。陈先生念旧，得知她的情况后，经常会从经济上帮助她，也常常请她来宁园吃饭，每次都要让他的司机去接送。还有一位朋友的儿媳妇，陪她婆婆来宁园造访。当陈先生知道她是工人，已经早退休后，每年春节前都会寄相当数量一笔钱去表示关心。我婆婆当然更是宁园的常客，她比陈先生大两岁半，所以她与陈先生是姐弟相称，他们约好等陈先生一满

95岁，就两个人每年一起过100岁，四舍五入嘛！但我婆婆就会说：“我总是比你大两岁半。”有一次我婆婆在饭桌上多次重复要他的护工晚上送我回家的事情（本来我们家离宁园很近，根本不需要），陈先生也多次答应了，临离开时我婆婆又提起，这次陈先生不耐烦了，就说：“你已经说了多次了，我不听了。”我婆婆立即反击说：“你不爱听我就打电话给你。”陈先生回应说我不接，我婆婆不饶地说：“你如果不接电话，我就写信给你！”陈先生只好败下阵来，不说话了。当时在场的人听见两位老人的有趣对话，都哈哈大笑。可是第二天陈先生就对我说：“琴婉，我以后再不和陈受拌嘴了！”这也说明他的宽厚。天冷了，他担心我们住的平房太冷，就专门买了两条远红外线保健棉被给我们送来。在他住院前几天，还让人专门给我婆婆送来一个蛋糕。他说我婆婆喜欢吃蛋糕。还对我说：“你在这里吃，吃完还可以回家再吃！”有一次五一长假期间，陈先生去清华参加校庆，我搭他的车一起去北京我自己在清河以北西三旗育新小区的家，因为与清华不在一个方向，我想在北京的适当地方我就下车自己回家。但陈先生不让，坚持要司机先将我送到西三旗育新小区，然后他们再去清华。西三旗路上还堵车，可是陈先生一点不烦，他说反正今天到清华也没有什么事情。而我心里很抱歉，陈先生那么大年纪，坐这么久的车，多累呀！

陈先生对别人总是那么慷慨，可是他自己却很俭朴。他们在美国伯克利的家我多次去过，地方真是好极了，坐落在半山上，太平洋上的金门大桥、奥克兰大桥和海湾大桥尽收眼底。但是他们家里的陈设却很普通。记得在美国的时候他就对我说过，他的遗产会分成三份，一份要给南开数学所，那也是他的一个孩子。南开宁园的装修还是80年代的风格，学校曾经想要给他重新装修，他拒绝了。宁园里的书架还是五六十年代的老书架。西服挂在壁柜里被咬了好几个洞，为了去香港领邵逸夫奖，才在我们的要求下买了一套中档的西服，让他再买一双皮鞋就坚决不肯了，并且说："我平时都穿布鞋，就穿一次，为什么还要买皮鞋？去香港可以找女婿借，如果不合脚，香港还有那么多熟人。"但是陈先生也有很好的生活情趣。首先是美食家，30年代在德国留学时就吃遍了汉堡的所有馆子，国内外好菜几乎也都吃遍了。他说："在饭馆里吃到好的菜，回家就琢磨是怎么做的，然后就教士宁（陈伯母）做。"当然这是他的一面之词，在美国时他就说他也会做饭，陈伯母当即嘲笑他只会下面条。不过在宁园他也告诉我们如何做鱼翅等，好像也不离谱。有一次请大家在天津一家高档的"名轩"饭馆吃饭，我认为这是我吃过的天津最好的餐馆了，他就很高兴地说还要带我和张伟平去吃，可惜成了永远的遗憾了。他的趣事还有很多，例如一次他去清华演讲，司机突然发烧了，他于是对我说，不要紧，我们也可以把车开回天津。陈先生业余还喜欢打麻将，有时候凑不够4人，就打3人麻将。一开始我们都是陈先生的手下败将，后来我们慢慢也学会了一些，所以他也会输给我们。一般都是晚饭后打，10点以前陈先生就会上楼睡觉了，绝不恋战，生活非常有规律。有时候我陪他一起看中国女排比赛，他也蛮有兴趣，还会不断发问。

本来陈先生除了需要坐轮椅以外，身体没有什么毛病。04年11月28日晚上我还与他一块吃晚饭，没有想到29日一早就不舒服，

不能起床了。我们马上与他在美国的女儿陈璞联系，又说服他验血和输液。血液化验显示心肌梗塞的危险性很大，所以中午又说服他住院。当天在医院里当侯校长去看他时，他还大谈数学所的事情和国际大事等，但夜里就第一次心肌梗塞发作，接下来几天又一次次发作。他实在是劳累过度，工作日程安排得太满了。记得在周四（12月2日）我和张伟平在医院里还在说这次他出院了绝对要管他，不能这么累了，哪里想得到他第二天就永远离开了我们，我简直不能接受这个噩耗！我知道他还有许多事情要做，可是都成了永远的遗憾了。而最大的遗憾是他没能亲自看见他倾注了无数心血的南开数学中心的落成和第一次国际学术研讨会。

唯一欣慰的是陈伯伯去天堂与陈伯母相会了。而在我们家里那本2004年《数学之美》挂历仍然挂在墙上，它永远停在了12月3日，并被标注了纪念的黑框。陈先生的遗像敬放在挂历的旁边，两瓶花束和一尊滴水观音陪伴着遗像，寄托着我无限的哀思和永远的怀念。

（作者为陈省身先生的秘书）

我们和陈省身的友谊

陈受

1928年夏，我和同班好友阮冠世（以后成为吴大猷夫人）从北京女师大附中毕业，相约投考全国著名的天津私立南开大学理科，有幸成为四个录取生中的两个。入学后，我们见到了可敬可亲的著名教育家张伯苓校长和理科的教授们。

南开大学当时有文、理、商三科。理科有数学系（当时称为算学系）、物理系、化学系和生物系。姜立夫、饶毓泰、丘宗岳、李继侗分别是这四个系的主任。他们都是留美博士，学问好，书也教得好，很受学生们的欢迎。做他们的学生，一生得益不浅。当时南开大学只有学生三百余人，理科四系四个年级学生不足50人。全校女生只有30多人，我进了数学系，阮冠世进了物理系。

女生宿舍东边有一个广场，也是一个操场。有一次理科男生在这操场上练习开步走，我们一些女生在旁边观看。我发现队伍中一个十六七岁的高个子男生开步走时和同队人总不合拍。当他自己发现后，就倒一下左右脚。一圈走下来，时时倒脚。我看了十分可笑。旁边同学告诉我：别看他不会开步走，他小小年纪已是数学系三年级的高才生，他叫陈省身。

理科学生自己有一个组织，叫做理科学会。主持学会工作的人叫做委员，委员是由学生自己推选的。我和阮冠世刚上大学就被推选为委员，其他委员记得有吴大猷、吴大任、陈省身、张志基、殷宏章、张景廉和女同学杨照、叶恭绍、王端驯等。理科学会的任务有编写刊物，组织师生同乐会和邀请有名的科学家来校讲演。老师们在背后指导我们，支持我们。这个理科学会也沟通了不同年级同学之间的感情。我和同系的吴大任、陈省身就这样认识了。我和他们同年级的化学系学生张志基也比较熟，这个老大哥和我家不但有姻亲，还曾在苏州与我家同住一宅达三年之久，我之考南开大学也是受他的影响。

在一次理科学会的同乐会上有一个游戏，主持者要求在座的人分组写科学家名字和天津歇后语。大家交卷以后，主持人才公布评分标准：写一个科学家名给一分，写一个歇后语扣一分。那些冥思苦想写了很多歇后语者大喊上当。最后评分结果是：我和阮冠世所在的一组以及吴大任、陈省身所在的一组都以同样高分得奖。上去代表各自的一组领奖的是吴大任和我。我当时再也不会想到他后来成了我的终身伴侣。

1930年暑假，吴大任、陈省身、张志基是理科最优秀的毕业生。我送他们每人一把折扇，一面是我母亲的画，另一面是我父亲的诗，以示我对他们的祝贺。毕业后张志基做了南开大学化学系助教，吴、陈二人投考了清华大学数学系研究生，那年就取了他们二人。于是继大学四年同班同宿舍的好朋友生活以后，他们开始研究生同学。但吴大任因父亲要他挣钱养家，只得向清华告假一年，回广州工作。陈省身则因一人不能开班，在清华当数学助教。

我那时因失眠休学在北京休养，和陈省身以及其他朋友经常一起玩。陈省身比我小两岁半，和我一个早殇的弟弟同年，我就把他看做弟弟。同时一块玩的，还有比我大两岁的在南开大学与陈同班的女同学刘君素，我叫她姑姑。我和吴大任也有书信来往。1931年春天，我曾借住香山亲戚的住宅，那时陈省身在做清华助教的同时，也在香山慈幼院兼课。我们有时会面，偶然一同逛山。记得他说他睡眠好极了，从来不做梦。并告诉我睡时闭着眼睛，但却盯着鼻子看，可以入睡。我试过几次有时有效，但很难坚持。

吴大任为了继续清华的学业，用在广州教书一年的节余，又贷款了1000元，筹备够了大家庭三年的生活费用后，回到了清华。我们三人一块玩，还一同在北大听了勃拉西克关于微分几何的演讲。吴大任回到清华后的导师杨武之是代数专家，给了他一个研究三维行列式的课题，他不感兴趣。于是在1933年应姜立夫之聘到南开大学数学系任助教。这时我还在上四年级，我为他誊写他翻译的“代数论”书稿，他帮我读复变函数，我们感情更加增进。

1933年秋吴大任考取了英庚款第一届留英生，在伦敦大学读博士生。1934年春，我也去了英国，在伦敦大学做免试研究生。伦敦大学的几何师资力量不强，吴大任申请博士生后一年，老师还给不出博士论文题。这时陈省身在清华研究院毕业后被保送出国留学，他没有按规定去美国，而是到了当时数学很强的德国。他给在英国的吴大任写信，要他也去德国，说汉堡的教授阵容，研究空气，都是非常好的。吴大任只有三年公费，允许其中一年可以不在英国。他马上改申请做硕士。这一改，老师的硕士论文题目也马上出来了。他很快做出了高水平的论文，答辩后我们就去了德国汉堡。陈省身来接我们，带我们跑了一天，吃饭，找住处。一切就绪后，陈说：明天的事，你们自己办了，我没有时间陪你们了。我们已经很感谢他把我们引到汉堡来学习，从此陈省身和吴大任又同学了一年，这是第三次同学。

陈省身60多年后在吴大任逝世后的追思文章中写到："汉堡是大任数学研究最出色的两年。他发表了关于椭圆积分几何的两篇文章，文中有好几个漂亮的公式。这两文足够他在汉堡获得博士学位，可惜他入学时未正式注册。事实上有勃拉希克帮忙，可以补救，但他急于回国，所以'博士'藏在囊中了。"

在这一年里，陈省身常在星期天到我们住处，偶尔打打三个人的桥牌，他们也谈谈数学。1935年的除夕，他来了，我点上蜡烛，三个人一起喝酒、吃年夜饭，一齐守岁。陈省身经济比我们富裕得多，他一个人有700马克的公费，我们两人用400马克，所以他有时请我们去他常常光顾的高级餐馆吃饭。

1936年春天，我们又一同去瑞士旅游。瑞士迷人的风景使我们陶醉，著名的“蓝湖”碧蓝一片，清澈能见湖底的化石，寒冷彻骨的冰洞晶莹透明。玩完瑞士，我们又同车回国。我们和陈省身在一起有不少照片，可惜文化大革命把我们在国外的照片弄得残缺不堪，所幸的是还留下了部分在德国的照片，这些照片留下了大家在一起的珍贵回忆。

1936年夏天，姜立夫先生来汉堡为他侄女姜淑雁和叶揩完婚，我们三人都参加了婚宴。然后我们又请姜先生吃饭。在饭桌上，我大胆地问姜先生：“现在姜先生应当考虑自己的事情了。”姜先生对我们说：“你们不知道，你们的姜先生还有一个老情人。”事后知道，姜先生不久回国完婚，师母年纪比姜先生小得多，姜先生是等她长大才结婚的。

姜先生走了不久，陈省身去了巴黎，拜卡当为师。1937年6月，我和吴大任决定回国，在巴黎又见到了陈省身，他带我们观光了巴黎。然后我们去了意大利，打算坐意大利船回国，因为船票比法国船票便宜。哪知预定的船被意大利政府征用来运兵，换船吧，要另外加钱；等原来的船吧，要一个月。我们那时已无钱来应付这个变化，这时又想起陈省身。他慷慨解囊，借钱给我们，使我们能在意大利度过了等船的一个月。我们住进了位于一个人湖中心小岛上的家庭旅馆，用白话文翻译了Artin介绍的K. Knopp的“函数论”。由于以前众多的数学译本都是文言文，所以我们要创造一些白话文的专用名词，感到这翻译很有趣，两人以此为乐。后来正是用译书的稿费还了借陈省身的钱。

回国后，抗战年间，我们在搬到四川乐山的武汉大学和四川大学任教，陈省身在昆明西南联大任教，交通艰难，就没有机会见面了，但不断有通信往来。抗战胜利后，我们途经上海来南开大学工作，陈省身从昆明写信，让我们从他朋友处取了钥匙，把在上海提蓝桥中央研究院的住处借给我们一家四口暂住。

解放后，由于众所周知的原因，我们和陈省身很少通信。在五十年代，他曾来信表示希望回国工作，并对国内的数学事业极为关心，但当时由于种种原因，回国的机会尚未成熟。1972年尼克松访华，陈省身紧接着就频繁回国讲学并组织学术活动。我们1972年终于再次见面了，那时吴大任刚揭了牛鬼蛇神的帽子，还没有完全被落实政策，原来住的一所房子被挤剩了一间，家具也都被抄走了。系里替我们借了沙发来接待他，老友相逢，真是高兴，但在当时的情形下，大家是不能畅所欲言的。

“文革”结束后，年届古稀的吴大任以全部精力，拨乱反正，推动学校的教学科研工作逐步走上正轨，强调加强国际学术交流的重要性和紧迫性。80年代初期，陈省身屡次来南开访问，向吴大任流露余生愿为祖国数学事业出力，筹办南开数学所，把中国建设为世界第一流数学强国的意愿。当时还没有外国人担任中国单位实际领导的先例，吴大任和胡国定一起到中央各部门奔走、呼吁，期望领导认识到聘请陈省身这样的数学大师来中国的重大意义。1985年以陈省身为第一任所长的南开数学所终于成立。吴大任根据陈省身的思想亲自拟定“立足南开、面向全国、放眼世界”的办所宗旨。此后，吴大任始终关心并从各个方面支持数学所的发展。

以后陈省身更经常回国了，差不多每年都来，我们聚会的机会就多了。国内的形势也宽松多了，这时候老友相逢，才能真正畅所欲言。早上一块打太极拳，有时一块吃饭、聊天，仿佛又回到了年轻时代，有说不完的话。我们又一起去成都、昆明、武汉、广州旅游，一路上大家访问了四川大学、云南大学、武汉大学、中山大学，与各大学的同人探讨中国的教育和数学，还游览了风景名胜，度过了老年时代大家在一起的快乐时光。

1994年11月，我突发脑血栓，住进了总医院。陈省身夫妇到医院来看望我，还为我付住院的特护费。我以为那就是我与他们的最后一面了，没想到我又坚强地站了起来。倒是吴大任因为癌症在1997年逝世，与我们永别了。他们二人的交情真是比兄弟之情还真诚永恒。当有人拿他们相比，为吴大任惋惜时，吴大任处之泰然。他说："陈省身只有一个，不是谁都能比的。有幸因为有陈省身，才有南开数学所。"而陈省身也称大任为圣人。当大任逝世的消息传到大洋彼岸时，陈省身写了追思文章，挽联上联是：八里台畔，阿斯河边，永忆江湖；下联是：椭圆空间，积分几何，长留真理。

我和大任都拥有各自的许多好朋友，而我们共同的同时代的好友则只有几个，省身是其中和我们交往最久最深的一位。我们夫妇和省身70多年的交情真是难能可贵。现在我能借助步器走到陈省身的宁园住所，大家经常见面。我们都是90左右的老人了，但往事历历在目，共同的回忆太多了。

（作者为陈省身挚友吴大任教授的遗孀）

关于陈受文章的注

沈琴婉

陈省身与吴大任是同班同学，关系非常密切。陈受与陈省身情同姐弟。他们三人从不到二十岁在南开相识成为朋友，30年代在德国又一起求学、聚会和旅游。尽管中国解放以来经历了巨大的变化，特别是经历了文化大革命，三位寿星到晚年还能在南开相聚，这真是上帝对他们的特别惠顾。这篇文章是陈受先生为了纪念他们的友谊，2000年所写并在天津《今晚报》发表。

为了纪念好友吴大任，2002年5月，由陈省身、熊知行捐资设立了“吴大任、熊知行数学教学奖”，它是我国首个专门用于奖励在数学本科教学方面有突出贡献教师的奖项。从2002年起，连续颁发了三年，每年奖励两位教师。

陈省身还为2004年2月出版的“吴大任教育与科研文选”作序，除了怀念了他们的三次同学的经历外，其中有这样的一段：“我从1972年起至少每两年回国一次，每次都到南开，便开始产生在南开发展数学的意思。适何东昌先生任教育部长，这意思便具体化为创立南开数学所。东昌为此呈请国务院，大任同胡国定先生还做了不少奔走。我们与一般的有点不同，大任把目的结为以下的话：立足南开，面向全国，放眼世界。这提议直到改革开放以后，才得到国务院的批准。现在南开数学所已略具规模，在国际上也渐有地位，大任是创始的功臣。”还有一段话是：“大任是十分聪明的人，有高尚的人格，我深以同学三次为幸。我们从小时常辩论，他的意见我未必完全同意，但相信都是正确的。”

吴大任于1997年去世后，陈省身先生一直在好好照顾这位好友的遗孀陈受，从各方面给予了无微不至的关心。本来两位老人相约从陈省身95岁起，两人年年一起过100岁。但是天有不测风云，谁也没有想到陈省身先生会突然去世，陈受先生也只能在近百岁之年独自承受这莫大的悲痛了。

陈省身访谈

Jean Pierre Bourguignon

1990年7月，在加州大学洛杉矶分校召开美国数学会的暑期讨论会，主题是微分几何。在会议间隙的7月4日，还举办了向陈省身表示敬意的聚会，庆祝他即将到来的80岁生日，参加聚会的主要是他的同行、学生和朋友。Henri Cartan 托我把陈省身写给他父亲Elie Cartan 的最早两封信的复印件，在这次聚会上献给陈省身。

在接下来的几天中，陈省身痛快地接受了我们的采访，他谈话的主要内容较为详细地摘录如下。我非常感谢陈教授拿出宝贵时间接受采访。也要感谢Anthony Phillips的录像和录音，以及Helene Demazure的誊写和翻译。

Jean Pierre Bourguignon 简写为**J.P.B.**

J.P.B.：在几天前的小型聚会上，我们听到了许多数学家说，在他们学术生涯的许多不同时期，您的建议和您的榜样给了他们很大的启示。在您年轻时，是否有科学家对您产生过类似的影响？

陈省身：我15岁考入南开大学，那时所有的院系加起来，总共才有300名学生。我父亲让我上大学，因为他觉得我应该接受大学的教育。我对自己以后该做什么没有一点概念。由于中学时就对数学感兴趣，入学时我选择了南开的理学院。可是我很快就发现自己做实验笨手笨脚，于是很自然选学数学。数学系只有一位教授，是哈佛大学的博士。他的课讲得很好，我也听了他的许多课程，从微积分，线性代数到更加高深的科目。他叫姜立夫。在哈佛大学跟随Julian Coolidge获得博士学位。他对我有很大的影响。从一开始，我就有一种自然的倾向，即不一定要做热门的东西。1932年，布拉施克（Wilhelm Blaschke）来中国访问，我参加了他的演讲会。

J.P.B.：讲演会是在您的大学进行的吗？

陈省身：不，是在北京。1934年，我得到了一笔赴美学习的奖学金，但是，我却要求去欧洲，我选择了去德国汉堡大学跟随布拉施克做研究。我听布拉施克的课不是很多，因为他经常外出访问旅行。1936年，在完成我的博士论文后，我听从布拉施克的建议，到法国随Elie Cartan学习，所以从1936年到1937年我是在巴黎度过的。

J.P.B.：您能够经常遇见Elie Cartan吗？

陈省身：哦，是的。Elie Cartan是个喜欢给你出许多小题目的人。我第一次见到他，他就给我出了一道题，给定一个几何结构，试着定义一个内蕴联络，能够反映出结构的所有几何与解析性质。当然，我对这个题目无能为力。大约过了一个月，我在Poincare研究院的楼梯上遇到Elie Cartan，我们握手问候，他问我："你怎么没来找我？"我告诉他，自己不知道怎么解答他给出的题目。他回答说："没关系，有问题可以来找我！"于是我就和他一起讨论问题，后来，我在这个领域有了足够的知识，就解决了他给我出的第一道题。接着，大约三四个月以后，他告诉我可以去他的家里。那时我住在巴黎大学城的瑞士基金会馆。他的家也在同一条路上（就是今天Henri Cartan的住处）。我大约每两个星期去他家一次，用不着事先打招呼。通常，都是他亲自为我开的门。他的书桌就在门的旁边。我们的讨论可以持续大约一个小时，我把我在过去两个星期工作的成果以及遇到的问题用法语写出来给他看。就这样，他一边看，一边用法语作答。我们用法语交流。这样的交流是非常愉快的，往往第二天我总会收到Elie Cartan的来信，写道："在你走后，我又思考了一下你的问题……"；"如果这样或那样做的话，也许很有意思……"。那段时期，我工作非常勤奋。每两个星期，我都能解决许多小问题，并思考很多不同的问题。

J.P.B.：您认为那一年对您来说，确实很关键吗？

陈省身：是的，确确实实很关键。那一年我写了好几篇文章，更重要的是，经过这一年，我读Elie Cartan的论著觉得容易了。我能够或多或少地和他用同样的方式思考问题，这对我非常有好处。

J.P.B.：现在，请允许我把问题再推而广之。您谈过，您当年坚持要来欧洲学习。那时候应该许多人都有类似的想法。很清楚的是，今天中国与美国在教育方面的联系更加紧密了。那么您认为，今后欧洲在中国数学的发展与教育方面还能发挥作用吗？

陈省身：我认为，欧洲仍然在发挥很大的作用。中国学生到欧洲学习要遇到的一个困难，就是语言。去德国或法国的学生需要学习一门新语言。中国学生都懂英语，很少人懂第二门外语，这就是为什么比较多的人到英国留学的原因。可是我觉得到英国留学会遇到一个困难，就是申请奖学金资助。大多数学生留学美国，就是因为一个好的数学人才在那里更容易拿到奖学金。

J.P.B.：人们不去欧洲学习，您并不认为是出自数学学科本身的原因吧？

陈省身：我想总是有一些中国学数学的人去欧洲的。确实，去美国留学的人要多得多。比如，我听说现在大约有2000个学数学的中国学生即将得到博士学位，或者正在准备博士论文答辩。这是一个不小的数量。

J.P.B.：现在我们谈一下您在数学上的贡献。请允许我只从您的诸多成就中挑出一项，即关于示性类的研究。您是在什么时候意识到您着手研究的这个课题是个非常重要的现象呢？

陈省身：哦，从一开始就意识到了。要知道，那是我最初证明高斯－博内公式的时候。那是在1943年，我去普林斯顿高等研究所，遇到Andre Weil。他正和Allendoerfer完成了高斯－博内公式的证明，他们的方法是切割带边黎曼流形，然后粘贴起来，就这样反复进行。Andre问我，“是否能找到一个直接的证明呢？”我自然去研究最简单的情形，也就是曲面，接着我就明白了，用超渡公式可以给出证明。

J.P.B.：就是提升到标架丛上去？

陈省身：是的，这个超渡公式不仅仅可以用来证明带边曲面的高斯－博内公式，也可以用来证明高斯绝妙定理。这个公式真是非常美妙。我对此感到很满意，因为在二维曲面的情形，即使像高斯和Darboux这样的人数学家也没有能够发现这个公式。对于高维情形，Heitz Hopf有所研究，初步结果发表于Jahresbericht der Deutschen Mathematiker Vereinigung（德国数学会年度报告）上的文章Differentialgeometrie und Topologische Gestalt（微分几何与拓扑形状）中，这是微分几何中更重要，但也更困难的问题。在这种情形下，除了标架丛，我们还需要用到单位球丛的超渡。我花了一些时间才想通这个问题。自然的，我们需要研究欧拉类，还有Stiefel-Whitney类。我在处理扭元素（也就是若干倍以后等于边缘链的同调类）时遇到了一些困难。我对那些把情况变得复杂的地方尽可能快地作了计算；从那时起，问题就开始豁然开朗起来了。应该注意到，那时候普林斯顿的数学气氛是被拓扑学统治的；人们讨论的不是上链，而是相对上同调。到了复示性类大展身手的时候了。当然，我对高斯－博内定理的证明感到非常满意。

我想提一下在高等研究所的时候，我把证明的手稿给Hermann Weyl看，他非常高兴。在那之前，我写了一篇文章"La Geometrie des Surfaces Isotropes"（各向同性曲面的几何），发表在Annals of Mathematics（数学年鉴），Hemann Weyl是审稿人。我把证明高斯－博内定理的文章从中国寄给当时*Annals*杂志的编委Lefschetz，后来收到一封信说"我们收到的稿件太多，难以处理，盼将大作收回"。我并未复信，大约一个月以后，我又收到一封信说"一位审稿人阅读了你的文章，极力推荐，我们很高兴能够在*Annals*上发表你的文章"。这位审稿人写了很长的审稿意见，我想大约有

10页左右。在我来到普林斯顿以后，有一天，Hermann Weyl问我："陈，你知道你那篇文章的审稿人吗？"就是他。他对我的这项工作非常了解。我们有许多接触，Weyl对我证明高斯－博内公式的文章表达了很高的评价。

J.P.B.：总而言之，既出于您的个人信念，也看到周围的反应，你是笃定您走的这条路是走对了？

陈省身：是的。

J.P.B.：我问一个广一点的问题。在"*American Mathematical Monthly*"（美国数学月刊）的一篇文章中，您把几何学发展与人们衣着演变对应起来，流形的概念，就对应于现代人和他们的穿着方式。在流形以后，未来几何学的新发展，您有什么看法？

陈省身：几何学不应该只停顿于研究光滑的对象。我认为微分几何学也应该研究奇异空间。值得注意的是，微分几何在几何学领域中扮演了重要的角色。人们总认为，连续的概念就已经足够了，如同拓扑学那样。可是，可微的概念去除了许多没有意思的东西，同时也保留了有趣和重要的东西。如果函数不具有二次可微性，那么很难想象如何研究微分几何。比如变分学中，我们可以讨论临界点，如果函数可微的话，处理起来会更加轻松。我们虽然可以多费些力气得到二阶变分和孤立奇点的指标，但是可微性使得代数与分析的工具使用起来更加灵活，获得一些特别重要的关于临界点的性质。我认为，人们应该把更多的注意力放在分层流形或它的一些变种上面。除了微分几何的重要定理，还有离散或组合等价也很重要。我因此认为光滑流形不是一个里程碑，而只是更广的无穷维流形的一个特殊情形。在往无穷维推广的过程中，经常遇到一些特别有趣的性质。人们应该学会保留重要的东西，同时忽略那些不重要的，而这需要大量的工作和深刻的洞察力。

J.P.B.：微分几何属于数学的一个传统分支，可是它却渐渐边缘化了。在最近20年中，它又重新成为数学的核心，并且许多其它领域的数学家也开始对它感兴趣。几何学再次走上前台，您如何看待这种现象？

陈省身：在数学的发展史上，微分几何，或更确切地说，曲线和曲面理论，包括了微积分在几何中的应用。此外，这也是许多欧洲大学对微分几何这门数学课程的称呼，如同我做学生的时候那样。19世纪数学的中心主题具有分析的特质，这是为了理解无穷的概念。由于高斯与黎曼的工作，使得微分几何成为任何数学家都不能忽视的独立学科。然后是爱因斯坦使得微分几何成为数学的一门核心学科。它与理论物理的联系，由于规范理论与量子场论，而得到了加强。当数学开始向高维空间发起挑战时，微分几何就是必不可少的了。可以举复变函数理论作为例子。对单变量函数，圆盘上的级数展开扮演了重要角色。可是在高维情形，我们不再有类似的标准方法可用，所以微分几何就具有基本的重要性了。

J.P.B.：您认为，是否由于微分几何自身的进展，使得它走到数学的前台，还是这一现象的发生是完全独立于微分几何自身发展的？举一个例子，我们熟知，从流形的局部性质可以得到它的整体拓扑，这是否对上述进程有影响？

陈省身：我认为最重要的进步，就是纤维空间理论的发展，因为在数学的漫长历史中，我们既对一般性的空间感兴趣，也对一些特殊类型的空间感兴趣，比如欧氏向量空间，非欧的或具有

其他简单结构的空间。纤维空间把这两种情况统一了起来，使得纤维的性质很简单，而底空间可以取的非常广泛。示性类是很重要的工具，因为它是实的不变量，并且能够同时将整体与局部性质融合起来。在教学中把两者联系起来，可以取得很好的效果。

J.P.B.：您认为微分几何学将在未来扮演怎样的角色?

陈省身：我想这种激动人心的进展只是刚刚开始。我上面提到了分层流形和无穷维流形。甚至于在有限维光滑流形的范畴中，非紧流形的性质还没有充分挖掘。这就如同多项式与无穷级数的对比。后者引领着我们发现全新的数学领域。

J.P.B.：在前些天为您举办的庆祝会上，您曾对您的同事们谈过一段话，我想问您的就是关于这段话。您把东方的科学观和西方的科学观，以某种方式对立起来。您认为，东方的科学观着眼于有趣的“小”问题，而西方的科学观（在这一点上您提到了爱因斯坦）更关注“一元”的唯一。您能否再把您的想法展开一下?

陈省身：我不知道这是否真的就是东西方之间的差异，这只不过是看待问题的不同方式。也许就是在两个地方存在着两派不同的人。就我自己来说，我是因为有趣才研究数学。前几天，我引用了孔子的话，是他用来赞扬学生的悠然处世态度的。我也提到了爱因斯坦，他在苏黎世理工学院时，选择了研究物理，因为他觉得在数学中到处都是琐碎的问题。我对“统一场论”从未感过兴趣。爱因斯坦的观点可能植根于德国的哲学和西方的宗教。因为康德坚持只有一个空间，即欧氏空间。所以说，在西方的宗教中，最常见的是只有一个上帝。在我年轻的时候，我们有一个庆新年的画轴，上面同时画了菩萨、孔子、耶稣与默罕默德。我很欣赏这种包容的态度。我喜欢所有好的数学。

J.P.B.：在回答同事提问时，您坚持强调在研究中寻找乐趣的重要性。您是如何看待把这些个人目的调整为集体动机的？难道您不担心这样一种态度会加剧那种把研究当成热门来追求的现象吗？

陈省身：这个问题很难回答。我觉得每个数学家都喜欢思考小问题。比如，有一个阶段，我与许多数学家频繁联系，包括Paul Erdos。思考Erdos的问题是很危险的，因为这些非常有趣的问题可以花费你几个星期的时间，然后却什么也得不到。在我研究此类问题的时候，Andre Weil和我说，"不要做这些了"。我想Weil对我有许多影响。每个数学家都会在生活和事业上，遇到各种各样需要做出选择的关头。尽管我们是因为乐趣研究数学，也应该看到我们的工作是有价值的。要在个人单干与集体工作之间，或是热门与冷门之间划一条分界线，我觉得不太容易。

J.P.B.：那么，如果您愿意的话，我们来讨论一个更广泛的话题。在许多西方国家中，特别是在美国，但同样也在法国，我们发觉，在年轻人中有相当一部分人对学习理科不感兴趣，特别是数学。您是否能对这种情况给出一个解释？

陈省身：我想原因是很清楚的。数学需要付出很大的努力和花费许多时间，而且在经历了多年的勤奋和献身以后，也不见得就能取得成功。所以存在着一些风险。其中所冒的风险和付出的努力与最后的回报并不相称。所以非常自然的，我们无法吸引大量的人来研究数学。可是我觉得，鉴于这个学科是如此的有趣，如此的重要，情况是会变化的。

J.P.B.：有什么速效的解救药吗？其实在社会的许多领域，都对数学人才有很大的需求，不仅仅是教育界，还有工业界等。

陈省身：是的，数学作为一种职业，已经发生了变化，这种变化无疑不会使一个数学家的生活更为方便。以前，我研究数学，结交朋友，写文章和写信交流。这种生活方式对我来说是很惬意的。

J.P.B.：照您看来，让青年了解数学，教育他们，而不是让他们失望，最好的方式是什么？依您看，让青年人与数学接触最好的方式是什么？

陈省身：我也不知道。如同我所说的那样，我有着不同的哲学。我不会试图作宣传，吸引别人到数学中来。我想那些准备刻苦努力的人应该自愿地进来。如果他们什么都不做，或者做其他收入更好的事，至少是觉得更有趣的事，从个人角度讲，我不会干涉。我想将来不会出现数学家短缺的情况。这是我的观点。我想这也是带有中国传统的看法：无为而治吧。

J.P.B.：我想问一个直接与中国和您在中国的活动有关的问题。您对成立天津南开大学的数学研究所（以及作为分支的即将开放的理论物理研究所）作出了很大的贡献。在这10年中，人们看到中国与世界其它国家的科学联系引人注目地加强了。去年的事件实际上中止了这些关系。您认为这些关系在将来会如何发展变化？

陈省身：我想，人们有一种倾向，即把中国定位于自己的理想上，不管是好的理想或坏的理想，这样一来就会把你刚刚提到的波动扩大了。中国是个古老的国家，中国不是西方。中国的某些传统，如儒教的生活方式，在日本占领时期和在共产主义制度下都继续保持下来了。“每个家庭只生一个孩子”的规矩可能会产生深远的后果，但是还要再等等看。1989年的北京事件是十分不幸的。我不想仅仅指责一方。我的活动仅限于在数学的圈子里。毫无疑问，中国数学家和外国数学家之间的交流对于中国数学的发展是非常重要的。种种迹象表明，事情又重新回到正常的轨道上来了。1989–1990年的南开数学所的活动是有关代数数论。活动虽然经过压缩，但仍具相当的规模。我也参与做一些简单的组织工作。现在中国组织许多中学数学竞赛。最近两年，1989年和1990年，中国在国际奥林匹克数学竞赛中都取得了第一名。

J.P.B.：您因此感到很乐观吗？

陈省身：是的。

原载：1991年4月法国 *La Gazette des Mathematiciens*（《数学人杂志》）

特别介绍

香港、台湾、马来西亚读者可以该地货币购书，
我们的书籍也以美元定价。请参考本公司网上书店。

繁体版

《人间重晚晴
杨振宁翁帆访谈集》
潘国驹 潘星华 韩川元
胡祖协 编
ISBN 981-4139-67-X

繁体版

《本质与典范：
社会工作的反思》
何芝君 麦萍施主编
ISBN 1-879771-36-5

《扭转生命的方向
——20位成功者的故事》
龙丽娴著 吴君译
ISBN 981-4139-56-4

繁体版

《移民与兴起的中国》
王赓武著
ISBN 981-4139-50-5

推荐网站：全球华人专业人士网络
www.networkchinese.com

■

欢迎浏览本公司网上书店查阅其他书刊及优惠配套

www.globalpublishing.com.sg

陈省身与中国数学

阅览八方 共享文化

八方文化创作室

主　　编	吴文俊　葛墨林
企划编辑	潘国驹
责任编辑	傅明焱　何　华　冯婉明
封面／内页设计	何秀云
排　　版	李丽芳
出版／发行	八方文化创作室 5 Toh Tuck Link, Singapore 596224 www.globalpublishing.com.sg
联　　络	65-64665775 支线258 chpub@wspc.com
印　　刷	FuIsland Offset Printing (S) Pte Ltd
初　　版	2007年7月
国际书号	978-981-4139-72-4

八方文化创作室，简称八方文化，以世界科技出版公司为后盾，致力于推动新加坡的中文出版，并且放眼全球华裔的人文舞台。我们的重心在于介绍世界各地华人学者及作家的言论与著作，同时也积极推动各类艺术与文化活动。八方文化期望以出版良心作信念，以高素质为诉求，为各地中文读者开启多一扇东西文化的窗户，共同努力营造一个富有质感和充满活力的人文空间。

世界科技出版公司总部及海外分公司

总部 (新加坡)
World Scientific Publishing Co. Pte. Ltd
5 Toh Tuck Link
SINGAPORE 596224

新泽西
27 Warren Street
Suite 401-402, Hackensack
NJ 07601, USA

伦敦
57 Shelton Street
Covent Garden, London
WC2H 9HE, ENGLAND

北京
中国北京大学数学科学学院
理科2号楼2526W室
邮编100871

上海
中国上海海滩国际大厦
黄浦路99号2003室
邮编200080

香港
九龙中央邮箱72482
香港

台北
台湾省台北市10091
罗斯福路四段
162号8楼

真奈
No. 16, South West Boag Road
T. Nagar, Chennai 600 017
INDIA